運命を拓く×心を磨く

松下幸之助

THE GREAT PERSON KONOSUKE MATSUSHITA

遠越 段 著

SOGO HOREI PUBLISHING CO., LTD

松下幸之助　心高まる金言50選

おたがいに、縁あってこの世に生まれてきた。
そして、縁あっていろいろの人とつながりを持っている。
私たちはもっと、あいさつというものを大切にしたい。
明るく朗らかに、あいさつをかわしあうことを心がけたいものである。

些細なこと、平凡なこと、それを積み重ね積み重ねきて、そのうえに自分の知恵と体験とを加えてゆく。それではじめて、あぶなげのない信頼感が得られるというものであろう。

志を立てるのに、老いも若きもない。
そして志あるところ、老いも若きも道は必ずひらけるのである。

素直さは人を強く正しく聡明にする。
逆境に素直に生き抜いてきた人、順境に素直に伸びてきた人、その道程は異なっても、同じ強さと正しさと聡明さを持つ。

事の成否も大事だけれど、その成否を越えてなお大事なことは、力をつくすというみずからの心のうちにあるのである。

大切なことは、世の中にやらせてもらっているこの仕事を、誠実に謙虚に、そして熱心にやることである。
世の中の求めに、精いっぱいこたえることである。

人の言に耳を傾けない態度は、
自ら求めて心を貧困にするようなものである。

とにかく考えてみること、くふうしてみること、そしてやってみること。
失敗すればやりなおせばいい。やりなおしてダメなら、もう一度くふうし、
もう一度やりなおせばいい。

きのうと同じことをきょうは繰り返すまい。どんな小さなことでもいい。
どんなわずかなことでもいい。多くの人々の、このわずかなくふうの累積が、
大きな繁栄を生み出すのである。

喜びもよし、悲しみもまたよし、人の世は雲の流れの如し。

なすべきことをなす勇気と、人の声に私心なく耳を傾ける謙虚さがあれば、
知恵はこんこんと湧き出てくるものです。

勤勉は喜びを生み、信用を生み、そして富を生む。
人間のいわば一つの大事な徳である。

繁栄は〝なぜ〟と問うところから生まれてくるのである。

わるい時がすぎれば、よい時は必ず来る。おしなべて、事を成す人は、
必ず時の来るのを待つ。あせらずあわてず、静かに時の来るを待つ。

百億の人間がおっても、自分は自分である。そこに自分の誇りがあり、自信がある。そしてこんな人こそが、社会の繁栄のために本当に必要なのである。

自分が他人と違う点を、もっとよく考えてみよう。
そして、人真似をしないで、自分の道を自分の力で歩んでいこう。

わからなければ、人に聞くことである。己のカラにとじこもらないで、素直に謙虚に人の教えに耳を傾けることである。

叱られてこそ人間の真の値打ちが出てくるのである。
叱り、叱られることにも、おたがいに真剣でありたい。

アイデアは、人間の熱意、熱心に対する神の褒賞である。

熱心は、人間に与えられた大事な宝である。
そしてこの宝は、誰にでも与えられているのである。

ゆきづまりは、みずからを省みる心が失われたときにあらわれるのである。

人もまたさまざま。
さまざまな人があればこそ、ゆたかな働きも生み出されてくる。

いま立っているこの道、いま歩んでいるこの道、ともかくもこの道を休まず歩むことである。自分だけしか歩めない大事な道ではないか。

たとえ遠い道のように思えても、
休まず歩む姿からは必ず新たな道がひらけてくる。

逆境であれ、順境であれ、その与えられた境涯に素直に生きることである。
謙虚の心を忘れぬことである。

上がりっ放しもなければ、下がりっ放しもない。上がり下がりのくりかえしのうちに、人は洗われみがかれてゆくのである。

この世に起こることはすべて必然で必要、
そしてベストのタイミングで起こる。

楽観よし悲観よし。悲観の中にも道があり、楽観の中にも道がある。

自分の長所にうぬぼれてはならない。自分の短所に劣等感を持つ必要もない。長所も短所も天与の個性、持ち味の一面なのである。

今日の成功が明日も継続されるという保証はない。今日の成功を喜ぶと同時に、新たな努力をつけ加えることも忘れてはならない。

どんなに悔いても過去は変わらない。どれほど心配したところで未来もどうなるものでもない。いま、現在に最善を尽くすことである。

感謝の心が高まれば高まるほど、それに正比例して幸福感が高まっていく。

雨に濡れて初めて傘の必要性を知る。

とにかく、考えてみることである。工夫してみることである。そして、やってみることである。失敗したらやり直せばいい。

きょうは昨日のままであってはならない。

むずかしいことができても、平凡なことができないということではいけない。むすかしいことより平凡なことのほうが大事である。

自分は自分である。何億の人間がいても自分は自分である。
そこに自分の自信があり、誇りがある。

愚痴をこぼす、こぼしたい、そのために人はできない理由を探し出す。

悩みはあって当たり前。それは生きている証してあり、
常に反省している証左でもある。

万策尽きたと思うな。自ら断崖絶壁の淵に立て。
そのとき初めて新たなる風は吹く。

商売とは感動を与えることである。

謙虚さを失った確信は、これはもう確信とは言えず、
慢心になってしまいます。

叱ってくれる人を持つことは大きな幸福である。

いい人ばかりではない。いろいろな人がいる。だからおたがいに、いますこし辛抱と寛容の心を養いたいものである。

一つくらい悩みがあったほうがいい。そのおかげで、注意深さが生まれる。

日々工夫や悩みがあるからこそ勉強し、新しい工夫を生み出すことができる。

自ら開拓する熱意に満ちて、心して物事を見、学び取る人に、道は無限にひらかれている。

何かにこだわると、うまくいかない。素直に、自然に、生きていきたい。
今、自分は運がいい。これからきっとうまくいく。

まえがきに代えて　～私と松下幸之助

〝松下幸之助〟といえば、日本を代表する経営者としてすぐに名前が挙がる人物だ。この世を去ってすでに三十年以上も経つが〝経営の神様〟というその偉大さは衰えることはない。

実は何十年も前、小学生だった私は、尊敬する人物の一人として「松下幸之助さんです！」と、その名を教室で発表したことがある。当時から全国津々浦々、老若男女に強く支持されていた人であった。

なぜ、それほどまでに人気があったのか、少し考えてみたい。

まず、松下幸之助が創業した松下電器（現パナソニック）の電化製品は、テレビ、ラジオ、電池、ステレオ、蛍光灯、洗濯機、冷蔵庫、掃除機、炊飯器と幅広く、私たち一般家庭の隅々にまで浸透していることが挙げられる。

第二に、松下幸之助は小学校を卒業しておらず、9歳のときから丁稚奉公《でっちぼうこう》をして苦労して大経営者になったという半生が広く知られていた。そんな幸之助の人生模様が支持を集め、かつ親近感が持たれた。

第三に、幸之助の人柄、特に彼の言動には、何か人に明るさと前向きさと、人生なんとかなるという期待を抱かせるポジティブな印象があった。

第四に、幸之助の言動や考え方をまとめた著作がどれもベストセラーとなった。人の話をよく聞き、自らも考え抜いて本を出していったといわれるが、それら著作は多くの人を惹きつけてやまなかった。

第五に、幸之助は年老いてもますます元気になり、健康な身体と憎めない笑顔で、94歳の生涯を終えるまで日本のこと、日本人のこと、そして世界の人々の幸せについて語り続けてくれた。若いころ病弱だったというのが信じられないくらいだった。

第六に、アメリカの雑誌『タイム』のカバーストーリーに取り上げられ、大経営者にして哲人と『タイム』に言わしめた。当時、世界で最も権威のある『タイム』にこのように紹介され世界に認められたことは、日本人としても誇りに思えた。細かく言えばもっとその要因は出てくるが、大きくはこれらのことが人々の印象に残ったからであろう。

さて、ここで私と松下幸之助について述べてみたい。

先に触れたが、私が小学校の四年生か五年生のときに、「尊敬する人はだれか」というお題で発表したことがあった。私はそのとき二人の名を挙げた。一人は豊臣秀吉、もう一人が松下幸之助であった。

秀吉は、歴史上の人物であり、NHKの大河ドラマなどで当時から主役級として扱われ、小説やドラマにたびたび登場する一般的にも人気の存在であった。

松下幸之助については、実は尊敬するきっかけがはっきりしていない。ただ、日本中の家庭に松下電器の製品があって、それだけでも幸之助の存在が一般的なことは確かであった。小学生のときは、とにかくすごい人、それでいて明るく親近感のある人という認識で、尊敬する人としてつい言ってしまった節もあったかもしれない。

その後、中学生の後半になると、いつも立ち読みをしていた駅前の本屋さんに、私でも買える確か100円ちょっとくらいの本が平積みされていた。それが、松下幸之助の大ベストセラー『道をひらく』（PHP研究所）であった。すぐにその本を買い、家で読み、「松下幸之助という人は、こういうことを考えている人なんだ」と知った。私にもわかる平易な言葉遣いで書かれていて、非常に共感させられる内容で、何だか自分もこれで少しは考える人になったような気がした。すぐに雑誌『PHP』も毎号買って、読むようになった。

しかし、中学校を卒業するころに松下関連の本を読むのをやめてしまった。というのも、親友が松下電器と縁のある学校にほぼ合格していたのを、後に不合格となったことを知り、そのなんとも不可解な感覚（私の勝手な思い込みだった）が私を松下関連から遠ざけたのだった。

時は経ち、大学卒業後に東南アジアで仕事をしているとき、松下電器の現地工場を視察する機会があった。工場の壁にかかっている経営理念の『松下電器の遵奉すべき精神』（七つの精神）の英文を見て、私はカミナリに打たれたようなショックを受けた。しばらくの間忘れていたあの松下幸之助と南国の工場で再会したような気持ちだった。この〝七つの精神〟は、第五章で紹介しているので、ぜひ読んでいただきたい。私は、ああ、松下幸之助の精神、思想は海外でも通用する立派なものなんだ、なるほどと感動しつつ何度も七つの精神を見た記憶が残っている。

帰国前に現地の日本人社員や従業員にいくつかのインタビューをして、「私の中の松下幸之助」がさらにむくむくと甦ってきて、非常に嬉しく感じたことも覚えている。そして「よし、もう一度松下幸之助を勉強し直すぞ！」と思っていた矢先、昭和天皇の崩御とともに、幸之助は94歳の人生を終えたのだった。

その後、マンガ『島耕作』で有名な弘兼憲史先生から話を聞いたり（マンガの舞台は松下電器がモデルであろう）、松下研修所の所長さんと親しくさせてもらったりして、私の松下幸之助研究も深められていった。結局、私自身は松下幸之助と直接話はできなかったが、松下家の元執事だったという人からその人物像の話を伺ったときに、何か神様のように語っていること自体が、単純に「すごいな」と思わせられたのだった。

本書では、松下幸之助の人生をふり返り、日本が生んだもう一人の大英雄である豊臣秀吉や他の英雄、何人かの名経営者たちと比較しつつ、その人となりと思想を論じてみたい。松下幸之助は日本の永遠なる英雄で、その生き方と思想は日本人の誇る財産の一つであるからだ。

その宝物をよく眺めつつ、未来に生かしていこうと思う。

第一章

誕生～下働き、試練の暫時

第二章 独立、起業～歩み始める

第三章 創業～事業の発展

第四章 戦争～苦難を乗り越えて

第五章

再起～世界の松下へ

第一章

誕生〜下働き、試練の暫時

great person
KONOSUKE
MATSUSHITA

松下幸之助の誕生

松下幸之助は、1894(明治27)年11月27日に和歌山県海草郡和佐村(現和歌山市禰宜《ねぎ》)にて誕生した。

父の名は政楠《まさくす》、母はとく枝で、二人の間の八番目の子であり、兄姉がいる末っ子として生を受けた。

幸之助が生まれた当時の松下家は、小地主の階級であり資産もあったという。しかし、幸之助が4歳のとき、父の政楠が手を染めていた米相場取引で大失敗。松下家は家や土地を売るなど財産を失い、和歌山市内に引っ越した。それまでの幸之助は両親にかわいがられて幸せな暮らしをしていたという。

幸之助はこの4歳までのことを後年までかすかに覚えていたそうだ。小川で魚をとって遊んだり、鬼ごっこをしたり、秘密の隠れ場所で楽しんだりしていたという。

私は昭和の戦後世代だが、ちょうど幸之助が生まれ育ったという家とその周辺の田畑のような風景はまだ残っていた田舎の育ちである。子どもがお兄さんお姉さんたちの後について行って、何をして遊んでいたかはなんとなく想像がつく。人にもよるが、3、4歳のころの記憶は残っているものだ。私が3歳のときに下の妹が生まれたのだが、生まれてオギャーと泣きつつ、たらいで洗われている光景をよく覚えている。自分が近所のお兄さんたちの後を追いかけて、チャンバラごっこをしていたのもよく覚えている。

ある評論家は、この4歳までの幸之助の育ち方が、後の彼の大成功のもとになったのではないかと言っていた。よく「人格は、3歳までにつくられる」などといわれることからも、わからない見方ではない。理由は、そこそこに豊かであったこと。そして、幸せな家族の下でのびのびと育ったと思われるからだ。周囲の人が敵ではなく自分のことをよく受け入れてくれる環境は、子どもの人格形成によい影響を与えるという。

確かに人は、こうして自分の基本をつくり上げるところがある。

松下幸之助と並ぶ、日本の大英雄と私が見ている豊臣秀吉はどうか。

秀吉は、1537（天文6）年に、愛知県の尾張中村で生まれている。父の名は弥《や》右衛門《えもん》、母は仲《なか》（後の大政所《おおまんどころ》）で、二人の長男として生まれた。

秀吉が7歳のときに弥右衛門は死に、生活のためもあって仲は竹阿弥《ちくあみ》と再婚している。弥右衛門はその昔、織田信秀（織田信長の父）の足軽だったといい、竹阿弥は信秀の茶同朋《ちゃどうぼう》（大名の茶の湯に関係した者）であったという。

秀吉はどうも竹阿弥とうまくいかず、近くの寺に預けられてしまう。しかし、秀吉はすでに7、8歳にして自分の好き嫌い、自分のなりたいものは何かをわかっていたようで、寺から出てしまうのだ。かといって竹阿弥とうまくいくわけもなく、亡き父の形見だという永楽銭一つ（当時の銅銭。現在価値は100円ほど）を持って、仲に見送られながら、なんと、職を求めて旅に出ていくのであった。

松下幸之助は、小学校を4年で退学し、父の口添えを得て、和歌山から大阪の火鉢店に丁稚奉公《でっちぼうこう》に出ている。秀吉とほぼ同じ年ごろから仕事をしているのである。私は丁稚奉公というものを直接知らないが、子どもでありながら仕事場のある店などに住み込んで、主人一家のために下働きをするというものだ。そのため、幸之助が自由気ままなわが家のように生活できなかったことは想像できる。そこではまだ幼くても商売の戦力となり、大人のビジネスの基本や礼儀を叩き込まれるのであろう。

以上の二人の境遇から推測できるのは、少なくともごくごく幼年期には、そこそこに豊かな家族の下にいたということである。さらに二人とも両親に愛情を持って育てられ、本人たちも両親のことを一生慕っていたようだ。
秀吉は二番目の父とはうまくいかなかったが、逆に死んだ父のことが忘れられなかったのであろう。父のように武士を目指している。また母（大政所）のことは生涯大事にした。秀吉が56歳のとき大政所が88歳で亡くなったが、このときにショックで意識を失ったという話は有名である。

話は飛ぶが、20世紀を代表するファッションデザイナーのココ・シャネルは、孤児院育ちであるが、彼女を孤児院に預けてしまった実父のことが大好きで慕っていたという。おそらく、孤児院に預けられる前の幼いころに愛情たっぷりに育てられたのであろう。

私もビジネス経験が長いが、長くつき合っている取引相手として信用できる人の多くは、親のことを慕っていたものだ。

幸之助の基盤の一つは、幼少時代に愛情たっぷりに育ち、人は信用でき、自分は愛される人間だとどこかで自分を信じている、いわゆる自己信頼がしっかりしていたところにあるのではないかと思う。

母親の愛情を糧に丁稚奉公へ

幸之助の父の政楠は、米相場取引に失敗して一家で引っ越しをしてから、履物の店を出して商売を始めた。だがうまくいかず、今度は単身で大阪に出て、盲唖《もうあ》学校の雑務の仕事を得た。そこで、火鉢屋で丁稚を探しているとの情報を得て、妻のとく枝に「幸之助をすぐ大阪に」と連絡してきたのだった。

幸之助はこのとき9歳である。当時にはよくある話とはいえ、母親は心配でたまらなかったろうし、幸之助少年も母の気持ちや愛情と、自分自身の不安で胸がいっぱいになったであろう。

ちょうどこれは、秀吉が心配する母を見つつ家を出て、職を求めていく気持ちと同じであったのではないか。

幸之助の後の回想によると、和歌山の紀の川駅から大阪に向けて一人で旅立つ幸之助を励ましつつも、泣きじゃくっていたという母のとく枝。それを思うと胸が熱くなる。

私自身も、家を離れて出ていくときに、見送ってくれた母の顔と姿が忘れられない。恥ずかしくて決して口には出せないものの、この人のためにもなんとか一人前にならねばと思ったものだ。

幸之助は、9歳ながらもこのとき母のとく枝の姿をしっかりと胸に刻んだに違いない。そこから多くの苦難に遭遇していく中で、「負けてたまるか」というエネルギーを生み出したのであろう。

外国人からすると、日本人は感情をあまり表に出さないといわれる。ただ、母親がまだ小さい子に示す愛情の深さから出てくる感情は別ではないかと思われる。明治のころは現代と違い、死に直結してしまう病気に対する心配、幼くして働きに出るわが子が仕事をしっかりとできるのかという心配など……。

母親の本能的な愛情とその表現がまだあった時代に男の子は、それをエネルギーの発源元とし、立志の根拠とし、苦難を乗り越えていく根性もそこから生まれたのではないか。

母である仲の存在が秀吉の一生に大きな力を与えたように、幸之助の母であるとく枝の愛と励ましが、幸之助に目に見えぬ大きな力を与え続けたに違いないだろう。

明治時代の若者たちの気概

幸之助が丁稚奉公に出た宮田火鉢店では、毎月2回、五銭の給金が出た。ひと月一〇銭は、今でいうと2千円ほどらしい。それでも住み込みであるから、住居費はかからず、食事も与えられ、生活はできる。

今の私たちの生活からするとなんとも考えられないものだと思うかもしれないが、今でもアジア諸国に行くと、その貧富の差に驚いてしまう。まえがきで触れた松下電器の工場のあった国では、当時、体感した失業率は50％ほどで、仕事があっても月給は、普通の従業員で一万円ちょっとであった。

そのころ、別の工場の従業員と友人が結婚した。私はその友人夫婦を東京の高級ホテルに一泊だけ招待したのだが、友人の奥さんが宿泊費をホテルの人に聞いて「私は泊まらない」と言い出した。なぜならその費用は、彼女のお姉さんがハンバーガー屋で働いてもらう給料の一年分に相当するというのだ。確かに当時、現地では日本の10000円は使いでがあった。一万円ならその一家の一カ月分の生活費であったらしい。一方、現地の経営陣やマネージャークラスは、日本人か日本人以上のサラリーを手にしていたそうだ。日本では考えられない賃金の差である。

ほんの100年少し前の日本も貧しかった。祖父に昔聞いた話だが、それは大正時代、3キロの山道を歩いて小学校に通ったそうで、普段は皆裸足だったという。祖父にワラジを履いてないのかと聞くと、あれは贅沢品だったと言って私は驚いたものだ。その後、貧しさから逃れようと（一旗上げようと）どうにかしてアメリカ西海岸に行った祖父。それを追って十代の祖母もアメリカに行ったという。徒歩しか交通手段を知らなかった当時の祖母は、アメリカでT型フォード（当時アメリカを席捲していた自動車）に乗ったそうだ。泥だらけの道ばかりの日本に比べ、アメリカは広くてきれいな道だったと言っていた。

それでもその約30年後には、そんな大国と日本は4年も戦争をした。そのとき祖父は竹槍で訓練し、父はアメリカ軍の上陸に備えた海岸での〝たこつぼ掘り〟ばかりをやっていたという。祖母に聞くと、アメリカに勝てるわけがないとわかってはいたが、やるしかないだろうと思ったという。アメリカで排日主義を身をもって体験していた人の気持ちである。

そんな貧しかった日本だが、気概はあったようだ。松下幸之助に見るように、未来は必ず開けると思っていたのだ。もちろん幸之助一人だけではない。ある意味、何千人、何万人もの幸之助がいたようだ。

私は、祖父やその周りの人、そして先人たちの気概に驚くとともに感謝する。この一人一人の熱い思いが今の日本をつくったのだ。若いころにアジア諸国を回って、つくづく感じたのはこれである。

江戸幕府の命でイギリスに留学していた儒学者の中村正直《なかむらまさなお》が、明治維新が起きて日本に帰って来るときに、友人から一冊の本をもらった。イギリスの作家、サミュエル・スマイルズの『セルフ・ヘルプ』である。

昌平坂学問所始まって以来の秀才と言われた中村正直だが、『セルフ・ヘルプ』の魅力にすっかりハマり、帰りの船の中でほぼ暗記してしまったという。

それを中村が翻訳し、出版されたのが、あの明治時代に100万部以上を売り上げたという『西國立志編』である。福沢諭吉の『学問のすすめ』とともに明治の初め、若者は熱狂して読んだのだ。それは明治の間、ずっと読まれたに違いない。

松下幸之助が若いころ、この二冊を読んだのかどうかはわからない。おそらく後には手にしたはずだ。多くの、いやほとんどの有意ある明治の若者が読んだであろう。現在の人口の半分以下の日本で、それぞれ100万部は読まれたというのである。このエネルギーは素晴らしい。

小学校を出て、大工見習いをしていた当時の豊田佐吉（トヨタグループ創始者）は、『西國立志編』を読んで自分も発明家になろうと決心したという。そして、村のお堂で友人たちと『学問のすすめ』などを読んで勉強会をしたという。

その少し前の幕末には、吉田松陰や西郷隆盛たちは『孟子』や『王陽明』などの中国古典を勉強材料にしている。

そんな青年たちの志いっぱいにあふれた時代の中で、幸之助少年は宮田火鉢店が閉められることになったため、父が見つけてきた自転車屋（五代自転車商会）に移り、奉公することになった。

青年の心

幸之助が若いときに何を思い、どう行動していったのか考えてみたい。

ちなみに私事で恐縮だが、私には20歳のころにいつも一緒に遊んだり、将来の夢を語り合ったりした友人がいた。その彼と最近数十年ぶりくらいに会った。彼は大学を卒業後に教師になっていた。驚いたのは、一緒に遊んでいた20歳前後のころ、私は彼に尾崎一雄の小説をすすめ、また「お前はどうも教師に向いているようだ」と言ったらしい。そんなことはすっかり忘れていた。

彼は愚直といっていいほどまっすぐで純情な男だった。だから当時の学校の教師たちにも煙たがられ、衝突もよくしていた。一度は学校生活をスピンアウトして、働きながら夜学にも通っていた。

そんな彼は、中年も後半のころに教育界の偉そうにしている人たちと衝突してしまったと言った。そして、私には信じられなかったが、精神を病み、ある事故を起こして教師を辞めたそうだ。彼には失礼だったが「お前らしい」と私は言った。

子どものころ、青年のころの心とその動き方、性情というのは大人になって社会で活動するときにも、根本は変わらないところがある。だから、それがつくり上げられるまでの3歳までとか、7歳までとかがとても重要なのである。

戦国時代の話になると、織田信長と徳川家康（それに豊臣秀吉）が協力する立場、同盟する立場にならなかったら、この三者もそれぞれが後に天下を取ることは難しかったはずだ。

信長と家康は20年も、信長が死ぬまで同盟関係を結んでいる。

家康が6歳のとき、今川義元のところに人質として連れて行かれるときに、戸田康光《とだやすみつ》という武将に織田氏のところに連れ去られ、お金で売られている。織田信秀は、家康を材料に松平広忠《まつだいらひろただ》（家康の父）を味方にしようと思ったのであろう。この作戦はうまくいかなかったが、この3年ほど織田氏のところで人質になっていた少年家康と7、8歳年上の信長とは交流があったのではないかと想像する。

青年に達して「うつけ者」と呼ばれていた信長は、とにかく人を見る目があったようだ。しかも、第一印象というか、初めのつき合い方でその人を見抜き、その見方は生涯変えなかったところがある。歴史学者の中には、それを説く人はあまりいないようだが、私は二人には若いころに必ずつき合いというか、出会いはあったと思っている。

家康は家康で律儀な性格といえそうで、やはり若いころから人を見抜くところがあったようだ。北条氏規《ほうじょううじのり》は今川氏の人質同士で隣に住んでいたというが、その後も一生親友としてつき合っている。

若いときの心は一番わかりやすく共鳴しやすいのだ。そしてその心は、一生の方向となっていく。

幸之助が自転車屋で働いていた少年時代の面白い逸話がいくつか残っている。その一つが競輪である。幸之助は、大阪の新聞社がスポンサーとなっている競輪に出るために猛練習をしていたのだ。結局、ケガをして競輪をやめている。もし、幸之助にある程度の運動神経と才能があれば、競輪にのめり込んでいたかもしれない。そうなると、後に大事業家になっていたかは……である。

こうして見ると、人はある分野に才能がなかったとしても決して悲観してはいけないことがわかる。

不正を許さない姿勢

自転車屋に奉公しているときのエピソードで挙げるべきは、丁稚仲間の不正に対する幸之助の姿勢だ。

ある同僚の一人は、機転が利き、主人にも気に入られていた。しかし彼は、いわゆる手癖が悪かった。店の商品を盗み、それを売って小遣いにしていたらしい。それを見つけた主人は悩んだ上に、きびしく叱って最後に「今回だけは許してやろう」と言った。これを聞いた幸之助は、信じられなかったという。そして主人のところに行き、

――〝自分は、そんな不正を働くような男とはいっしょに働けない。クビにしないと聞いてとても残念です。彼をそのまま働かせるのなら、自分がやめます。

と言ったという。

これは、ちょうど秀吉が最初に奉公した松下之綱《まつしたゆきつな》に直訴した話と共通点がある。秀吉は、家を飛び出して仕事を求めて放浪の旅に出ていたが、浜松で松下之綱と出会った。之綱は、猿のようにすばしこく、人懐っこい秀吉を面白がり、召し抱えることにした。秀吉は一生懸命に働き、納戸役の長となった。経理課長のようなものである。

このときに、秀吉の仕事ぶりはあまりにもきちんとしていて、仲間たちはお金をちょろまかせなくなったという。そこで、逆に秀吉の罪をでっちあげて、之綱に密告しているのだ（なかなかヒドい話だ）。

之綱は、秀吉のほうが悪くないのはわかっていたが、家中の和を重んじて秀吉を辞めさせてしまった。秀吉は涙ながらに之綱にこう言ったという。

とても残念で仕方ありません。たとえ多くの家来がいても、人に無実の罪をなすりつけるような不正を働くだめな者たちでは何の役にも立ちません。たった一人でもいいから、誠実に働く部下こそ本当の役に立つ家来です。それをわからない愚将とも知らず、粉骨砕身に必死に奉公したのは残念至極でなりません

”

こうして秀吉は、之綱の下を去った。

しかし、後になって秀吉は、最初に武士として拾ってくれた之綱の恩を忘れずに、大名に取り立てている。之綱も秀吉、そして家康にまで仕えている。

余談だが、面白いのは家康とともにこの之綱は今川義元の部将であったことだ。だから秀吉が之綱の下を辞めていなかったら、信長の下での大出世、天下統一もなかったかもしれないのだ。

いずれにしても幸之助と秀吉のエピソードから思うことは、不正を絶対許さないと

いう心がけがあるということである。

成功していく、あるいは本物の人物となっていく人に共通しているのは、不正を許さず、不正をしないという生き方である。

私も日本や外国で仕事をしているときに、大きな仕事を任せたり、組んだりするときには、この不正をしない人、ちょろまかさない人を選ぶべきだとつくづく思う。

私が若いころに仕えた社長は、自分にも甘かったが、他人の不正には寛大で、「人間だからよくあることさ」という理由で大目に見ていた。結局それは、自分の大きなごまかしにつながっていったようだ。

他にも取引先やパートナーで伸びていく人、事業者で成長していく会社は、その辺りは厳格で、それが当たり前の生き方、社風となっていた。

幸之助の態度とそれを受け入れた主人の〝正しさ〟は、後々に松下電器が大きくなっていく一つの大きな力になっていったと思う。

例えば、戦後の経済大混乱時に、いわゆる闇市が当たり前のときに、社員も会社も電球の現物支給を給料に代えてと望んだ。幸之助も一時はこれを認めている。現物の電球は、闇市で高価に売れ、気違いじみたインフレの下では社員も助かった。もちろん会社も現金が残るということでは助かった。

しかし、やはり闇市でうまくやるということは本筋ではない。不正とまでは言わないまでもすすめられるべきことではない。そこで幸之助は、現物支給を禁じた。

このモラルの高さが、松下電器の成長要因の一つといえるのだ。

人生の師の教えと最先端の刺激

人は、自分一人だけで成長し、偉くなるものでは絶対にない。

特に青少年期に出会った人の影響は、よくも悪くも強く受けるものである。私たちは、あまりにも表面的に目立ったものに注目しがちだが、幼少期、少年期、青年期にどんな人に出会い、教えられたかは想像以上に重要である。その意味で松下幸之助が10歳から15歳までを過ごした自転車屋の主人は、よき親代わりであり、先生だった。父の政楠が働いていた大阪盲唖院の創業者の弟であり、兄弟ともに人物が優れていた。政楠は本当にいい人を選んで、幸之助を奉公させたといえる。

幸之助は、自身の中で確立されつつあったまっすぐな性格、素直な性格、熱心で誠実な性格の上に、商売のイロハをここで叩き込まれている。お客様が喜び、繁栄し、幸せになることで商売は発展する（うまくいく）ものであることを体中にしみ込ませることができたのである。後の松下電器やＰＨＰの理念（後述）の基本が芽生えつつあったのである。素晴らしいところで教えられたことになる。

秀吉に目を移すと、秀吉は好人物だが、主人の松下之綱が幸之助の主人のような厳格さがないこともあったのでそこを辞め、次に尾張の地元に帰って、織田信長に仕えだした。

あの有名な秀吉の家臣である蜂須賀小六《はちすかころく》との出会いはこのころのようだが、よくわかっていないところがある。おそらく十代の前半からつき合いがあったのではないだろうか。後に、秀吉の一番頼りになる部将であったが、十代前半の松下之綱に出仕する前に、随分といろいろな世間のことを教わっていたのであろうと私は推測している。

信長との縁も、小六の周辺からであろう。そもそも浜松などの静岡方面に行ったのは、時代を代表する部将が今川義元であったし、後に信長に仕えたのも、次に出てくるのは信長と見たからではないか。小六の教えや情報から秀吉はそう見たのだと思う。

この小六と組み、そして信長を主人として、そこでいろいろと学び身につけていくことで、秀吉は信長後の天下を統一するほどの部将に育っていくのである。

一方の家康は、人質としてではあるが、今川義元の名軍師でもあった太原雪斎《たいげんせっさい》に人生と学問の基礎を教わっている。十代前半のことである。家康がこの太原雪斎という師に出会わなければ、後の優秀な家康もなかっただろうと私は思っている。


また、注目すべきは幸之助が少年時代から奉公し仕事をしていた場所が大阪の船場だったことである。ここは当時、日本で一番の、そして最先端の商売が行われていた場所といえた。

自転車というのも、その当時の時代の最先端のものであり、次に幸之助が目を付けて仕事に就くのが電気関係である。将来、この分野は大きく成長していくことになるのを読んだのであろう。

偶然のことではあろうが、父親の失敗による没落で和歌山の田舎から少年期に大都会に出て、そこでビジネスの基本や心構えを教わった幸之助は、自然と将来に発展するものは何かなどを見通せる直感力を身につけていったのではないか。

後に松下電器が大きくなり、戦後の発展をしているときに、幸之助はアメリカ・ニューヨークに視察旅行に出ている。そのときは50歳を過ぎてはいたものの、大いに刺激を受け、それからの会社発展のことや世の中のことを考えている。

未来を読む直感力を身につけた人が、世界の最先端のところで刺激を受けると、次々とこれからのアイデア、将来構想が生まれるようだ。

他の例でいえば、自動織機を発明したものの、会社経営をめぐるトラブルに嫌気が差した豊田佐吉が、やはりアメリカ・ニューヨークを視察している。それは昭和の初めのころであるが、街を走る車を見ていずれ日本も車をやるべきだと考え、日本に帰って息子の喜一郎に「お前は日本の車をつくれ」と言っている。

必ずしも、こうした場所に行く必要があるとは思わないが、十代のころから二十代前半にどんな人と出会い、何を教わるかは大変重要であることに間違いない。

第二章

独立、起業～歩み始める

great person
KONOSUKE
MATSUSHITA

先を見る直感力

幸之助の奉公先で商売にしていた自転車というものは当時、時代の先端をいくものだった。そんな自転車に触れながら幸之助は、このときすでに時代の一歩先を見る直感力を身につけていたようだった。

この1909（明治42）年ごろ、大阪市は交通整備計画を立てて、路面電車を走らせている。幸之助はこのとき15歳。「次は電気の時代ではないか。何か電気に関係する仕事をしてみたい」と思ったのである。

当時は日露戦争に勝ち、第一次世界大戦前の日本の躍動期でもある。アジアの小国である日本がロシアを破り、欧米諸国に早く追いつき肩を並べたいとの機運でいっぱいだった。ペリーの黒船来航と蒸気船という世界の最新技術に触れてからわずか50年で、見よう見まねで日本人らしい工夫をして、技術分野でも進展につぐ進展を遂げ、ロシアという大国に勝ったのである。

日本人というのは、単に真似をするだけでなく、その原理を知り、その応用法を学び、そこに改良なり新しいアイデアを見出すという才能があるようだ。古い話だが、一時期の日本は猿マネとか「安かろう、悪かろう」が代名詞のように言われた時期もあった。いや、しかし実は創造力豊かな上に改良力にはとても優れている。これは松下電器やトヨタ（トヨタ自動車）、ホンダ（本田技研工業）、ソニーなどの会社の歴史をひもとけば検証できるであろう。

このように日本人のよさ、日本人の本来得意とするところは、イノベーションであり、いかに世の中の人々に役立ち、繁栄させていく物、サービスなどをつくり出していけるのかというところにある。

松下幸之助や本田宗一郎（本田技研工業創業者）たちに見るように、人々の繁栄とお客の喜びに貢献することで自分の仕事や事業に存在意義を見出していく新たなベンチャーが次々に生まれてほしいと思う。その意味でも、織田信長や豊臣秀吉、徳川家康そして吉田松陰、西郷隆盛という英雄たちとともに、松下幸之助のような現代ビジネスにつながる偉人のことを若者にはよく学び知ってほしいものだ。


さて、特筆すべきは幸之助のあくなき向上心と仕事への姿勢である。

この若者は絶対に現状に満足することなく、次へのステップを踏んでいく。それは亡くなるときまで続いた体質のようだ。イノベーション体質とでも言おうか。

しかし、いきなりは飛躍しない。一歩ずつである。

自転車屋で学んだことを次にも生かす。電気技師で学んだことも次に生かす。

さらに注目すべき点は、自転車屋であれ、電気工事会社であれ、そこで一生懸命に仕事をして、「大した奴だ」「彼に任せていれば安心だ」という信頼と評価を得ていることである。

秀吉は自分の目標の立て方、成功の秘訣について次のように言ったという。

私は大変頑張って、今は三百石をいただいています。私の志というのは、その上に、さらに三百石をもらえるように、必死に頑張ることです。
皆さんは、私の志を小さいと笑いますが、皆さんの志は、手の届かないように見えるものです。しかし、私のは必ず達成できると思えるものです。だからこそ、六百石をもらえるために日夜寝食を忘れ、すべて信長様のために尽くしています。私の目標、望みは必ず達成されます。

今の自分のやるべきことをしっかりとやり、そしてその先を必ず見てその実現をしていくことの連続が、気がついてみると大きな志を達成していくことになるのであろう。

こうしてみると、幸之助や秀吉というのは、成長し続けた人間だったと言えるのではないだろうか。

自分は強運であると思い込む

幸之助は15歳のとき、五代自転車商会を辞めた。「電気に関係する仕事をしてみたい」と大阪電灯株式会社（かつて大阪にあった電力会社）に入社するためである。しかし、すぐに入社することはできず、三カ月ほど臨時で桜セメントというところで働いている。いわゆる肉体労働である。セメントの粉をシャベルでトロッコに入れ、そのトロッコを建設現場に運ぶという作業だ。この仕事で幸之助は、自分が肉体労働に向いていないと思い知ることになる。

幸之助は、もともと虚弱な体質の上に体も小さい。ちなみに、先に紹介した競輪はどちらかというと小さい人に向いているものだ。私も十代の終わりに建築現場でアルバイトをしたことがある。そこに元競輪選手の作業員がいたが、筋肉はしっかりしているものの案外と小さい体だった。

若いときに自分の向いていないこと、不得意なことを知るのはよいことであると思う。幸之助にとって肉体労働や一人でやり遂げる作業がいかに自分に向いていないかがよくわかったことは、とてもよかったようだ。その後、人の話をよく聞き、人の力を借り、自分でも考え抜いて手を打つという幸之助なりの手段・スタイルを自ら開発していくことになるのである。

この時期の有名なエピソードがある。

セメント会社に通うために幸之助は港の桟橋から出る小さなポンポン船（蒸気船）に乗っていた。あるとき、夕陽がきれいなことに見とれていた船員が足を滑らせ、近くにいた幸之助にしがみついたため、二人一緒に船から落ちてしまった。このときは夏であり、しかも幸之助は泳ぎが少しできたようで、何とか助かっている。

この体験から幸之助は「自分は運が強い男だ」と思い込んだという。

もちろん、運が強い人は、それにふさわしい努力はしっかりとやっているはずだが、幸之助はその上に特に仕事面では本当に運が強かったようだ。

逆に私生活では、大事な家族が早世してしまっている。両親はそれなりに生きたが、兄たちは次々に病気で亡くなり、残ったのは幸之助本人とその上の姉くらいだった。後にも息子を幼くして亡くしており、大変つらい目にあっていて、普通の人が見たら「どこが強運か」と思うのに、「自分は強運だ」と思い込んでいたそうだ。

これは秀吉も一緒である。

正妻のおねとの間に子は生まれず、側室との間に生まれた子を幼くして亡くしている。淀殿との間の最初の子も亡くしている。それでも「オレは強運だ」と思い込んでいる。

小田原の役（小田原征伐）の話が残っている。

小田原城を十五万以上もの兵で囲んでじっくり攻めていたが、秀吉はあるとき見回りをしたらしい。そのとき、城から鉄砲の弾が飛んできて、秀吉のそばを通った。しかし秀吉は、「オレは強運だ。鉄砲の弾なんか当たるか」ということで、さらに城のほうに近寄って、そこで立小便をしたという。

秀吉一流のパフォーマンスであったろうが、自分のことを「強運の男」と言い、周りもそう思っていたのは大変な武器となったろう。これは幸之助もまったく同じである。

学歴ではなく自力と他力

大阪電灯に見習い工として入社した幸之助は、三カ月もすると高津営業所の内線係担当者になった。このときわずか16歳である。

このころ、仕事は忙しかったものの単調なものが多く、次へのステップ、上昇志向を忘れない幸之助にとっては物足りなさを感じていたようである。その中で時に大きな仕事を手掛けたこともあった。それは今でも大阪名物となっている通天閣の配線工事だ。

また、立志伝中の人であった実業家の八木与三郎のところの電気工事の仕事も一年くらいやっている。当時の幸之助からすると、世の中にはこんなにすごい金持ちもいるものだなと思ったであろう。まだ十代の幸之助が世間を見る目を広げるためにはよい仕事であったといえる。

18歳になると、大阪電灯の同僚が関西商工学校の夜間部に通っていたことに刺激され、同校に入学することにした。ただやはり、学校の勉強は向いていなかったようだ。一年は続けたものの成績も大したことなく、380人中175番だったというから、ちょうど中ほどである。

9歳から仕事の世界に入り、仕事を通していろいろ学ぶというやり方を身につけた者に、学校の勉強による学びというものは難しいだろうし、必要もないことかもしれない。ちょうどアメリカ建国の父であるベンジャミン・フランクリンが、小学校を中退して実業の世界で働きつつ、独学で学んだことに似ている。

戦国武将の中でも、信長や家康のように殿様の子として生まれた者は、ちゃんと学問も武術も基礎から教育されている。だが、秀吉のように家を飛び出し、わが身一つで這い上がってきた者には、そのような機会がなかった。だから秀吉は、ひたすら耳学問でいろいろなことを学び、剣術も強い人をうまく使えるようにすることが大切だと悟っている。

幸之助も学校での勉強は大したことがなく、向いていないと中退してしまっていても、後には何十冊もの大ベストセラーの著作物を著し、アメリカの『タイム』誌でも〝哲人〟として特集されているほどである。

こうして見ると、大切なことは学校の勉強ができるかどうかではなく、多くの人の知恵、技術、力をうまく結集できるかによるのではないかと考えられる。また、そうした人たちをいかに活用し協力してもらうのか、自分はどうすべきか、組織はどう動いていくか、時代はどう変わっていくかを考え抜くことが、より重要になるのではないかと思われる。

それぞれに向いた学び方、自分の力の発揮のしどころがあるということが、これでよくわかるものだ。

結婚相手に恵まれる

1915（大正4）年に松下幸之助は、井植むめのと結婚する。当時の多くの夫婦がそうであったように、見合い結婚である。後に触れるが、初期の松下電器の成功は、この結婚によるところが大きかったと思える節がある。

むめのは、勝ち気で明るくおしゃべりで、幸之助とある意味正反対のところがあった。幸之助は、しゃべるよりもよく考える人で、一見すると大人しいところがあったようだ。

そして、むめのには後に有名になる井植三兄弟という弟たちがいた。

特に一番上の井植歳男は、小学校を出てすぐに郷里の淡路島から大阪の松下のところに呼ばれ、その事業を手伝った。井植歳男は体の弱かった幸之助に比べ、とても頑強なところがあり、やはりむめの同様の明るさと前向きさがあったようだ。

次項以降で言及するが、むめのと井植歳男の協力で、松下電器は幸之助の考えの下ですくすく成長していく。井植歳男は松下電器のナンバー2として、戦前の同社を引っ張った。

これはちょうど、秀吉が弟の小一郎を招いて出世していったことと重なる。秀吉の先へ先へというアイデアと派手さ、頭のよさで、どんどん仕事を広げていくことの弊害面というか、足りなさをすべて弟の小一郎が補佐し、調整していったといわれる。

やはり幸之助と井植歳男との関係もそれに似ている部分が大いにある。ただ戦後、井植歳男は松下電器を去り、三洋電機（サンヨー）を創業する。

三洋電機も松下電器を追いかけてぐんぐん成長していったが、井植歳男は66歳という若さで、これから会社がさらに充実していくというときに亡くなった。

皮肉にも、もともと体の弱かった幸之助は長寿であった。

幸之助と秀吉は、似ているところも多いが、長寿だったかどうかはまったく逆である。

幸之助は、60歳を過ぎてますます意気軒昂であった。秀吉は61歳で亡くなるが、家康は75歳まで生きた。これが逆であったら、江戸時代はまったく違ったものになっていただろう。晩年の家康は、大坂の陣（豊臣家との合戦）が起きると、弱っていた体がしゃきっとなったという。

幸之助も、事業に大きな問題が起こるたびに健康になったという。この点、幸之助は秀吉ではなく家康に似ていて、秀吉以上の強運な男だったといえるかもしれない。

内助の功と幸之助の奮闘

20歳で結婚した松下幸之助は、妻のむめのの勝ち気な性格と前向きで人生をどんどんきり開いていこうとする生き方に煽られるところがあった。これは、幸之助自身が頭の中に描いていたもののまだ明確にしていないものを、はっきりと形にするという効果があったようだ。その意味で、この結婚は大きな意味を持った（しかも義弟の井植歳男も事業に加わった）といえるのだ。

秀吉は、おねを妻として得たことで力を増したところがある（さらにこちらは、義弟ではなく本当の弟の小一郎をうまく引き込んでいる）。しかも、おねの一族の浅野家は、後に秀吉にとっても重要な大名となった（この浅野家は江戸時代にもうまく残っている)。

おねには子どもができなかった。むめのには一男一女が生まれたものの、悲しくも男の子は幼くして亡くなっている。

おねに子どもができなかったこともあって秀吉は側室をつくっていくが、根が開けっぴろげで人間好き、女性好き(特に美人)なため、おねの焼きもちは相当だったという。おねは、当時の妻にしてはかなり積極的、勝ち気、社交的な女性であり、領地の政治運営の事業にも積極的に参加していたそうだ。

そんなおねが、秀吉の浮気ぐせ、女ぐせの悪さを、なんと信長に直接会って訴えたことがある。当時の信長は重臣たちも恐れてなかなか近寄りがたい存在だったが、おねが直接会う大きな目的は(一つには秀吉の浮気問題もあったろうが)、信長と秀吉をさらに親密にしたいということにあったのであろう。

その後、信長がおねに宛てた有名な手紙がある。次のように書いている。

そなたの容ぼうは、前に会ったときよりも十のものが二十になるほどますますよくなっている。それでも秀吉がしばしば文句を言うのはもってのほかである。あのハゲネズミは、どこを探してもそなたのようなよき妻と二度とめぐり会うことはできないだろう。そなたも、気分を陽気にして、奥方らしく重々しくふるまい、やきもちなど表に出してはいけない。そして妻としてうまく秀吉のことをたのむ。

先にも触れたがむめのは、このようなおねに似てとても勝ち気で、前向きな人であった。幸之助の松下電器創業にはなくてはならない存在であった。

幸之助は21歳のとき、改良ソケットの実用新案を出願し、22歳で大阪電灯を辞めている。そして妻のむめの、義弟の井植歳男、大阪電灯の同僚だった林伊三郎と森田延次郎の五人でソケットづくりを始めた。しかし、ソケットの販売はうまくいかず、元同僚の二人は去っていく。

ところが三人になったところで、川北電気というところから電気扇風機の碍盤《がいばん》千個の注文を受け、一日18時間、週七日、つまり休みなしで働いてなんとか食いつないだ。千個の注文の次は、二千個の注文につながっっていく。

このころの幸之助がすごいのは（むめのの煽りもあったろうが）、すぐに松下電気器具製作所を創業、従業員を募集しているところである。そして、改良アタッチメントプラグ、二灯用差込プラグを考案し、製造販売しているのである。

常に現状に満足することなく、次へのステップを考え、踏み出し、模索し続け、奮闘を続けているのだ。

この世の中で見ている人は見ているものだ。そして幸之助という人間は面白い男、頼りになる男と認識されていく。

西洋に「天は自ら助くる者を助く」ということわざがある。これは「天は、努力する人を助ける」ということだ。

幸之助は、一見無謀のように見えてもやる価値があり、いや、やらなければ次へのステップはないと考え挑戦するのだ。

たとえ最初はうまくいかなくても、努力を続け、奮闘を続け、工夫を続け、あきらめないうちに必ず道は開けてくる。このことを幸之助は、この創業の困難の中で、身につけていくのである。

第三章

創業〜事業の発展

great person
KONOSUKE
MATSUSHITA

創業時の志

松下電器の創業時にあったもの、それは松下幸之助の志と熱意、そして後年になって幸之助が言う「素直な心」であった。これに、妻のむめのと義弟の井植歳男がよくついていった。

幸之助には、不思議な魅力があった。人が集まり、幸之助を大将とあがめ、取引先も信用した。やはりこれは、生まれて物心つくまでに親や兄姉たちに愛情いっぱいに育てられたこと、両親の性格、丁稚先の主人とその家族にも恵まれ、そこで育まれたものなのだろう。

幸之助は、人を疑い人をごまかしてでもうまいことをやろうという心が微塵《みじん》もない。その上で、商売の心得を体に染み込ませている。大阪で培われていった商売人の正しい心得とは、どこまでも顧客志向であること、無駄なお金は使わないが生き金は使うということである。

自分だけが繁栄するのは難しく、お客様に喜ばれ、一緒に働く従業員たちも幸せになるように必死にやることが大切である。この点、幸之助は兄姉を次々に病気で亡くすなどの不幸もあったが、経営者としては理想的な環境下で育てられていたことになる。何よりも、幼いときから自分で一生懸命稼いで食べるしかないという強い意志があった。

その意志は自分だけでなく、だんだんに広げられていく。最初は妻のむめの、そして義弟の井植歳男を飢えさせないこと、さらに従業員になってくれた人たちの生活を守ること、生まれてきた子どもを育てていくのに必要な稼ぎを上げることに向けられていく。続いて取引先の繁栄とお客様への貢献へと広がっていった。

これはさらに後になって、国家社会に繁栄をもたらすことで平和と幸福をもたらすために仕事をするというＰＨＰ（Peace and Happiness through Prosperity）の運動につながっていく。

とにかく創業のときにあったのは、幸之助のそんな熱意と志だけであったのだ。

井植歳男は後年、こう語っている。

“若いときの松下が傑出した人物だとか、非常に才能のある男だとか思ったことはない。ただ働く熱意だけは人並みはずれていた

――”

このころは食事をしているときも仕事の話ばかりをしていて、仕事のことに熱中し、何を食べているのか、何杯目のごはんなのか、よくわからなかったという。

いろいろな創業の形があり、人それぞれに成功のきっかけはある。ただ、幸之助には、とにかくこの道というか電器関連から出発して事業を成功させていくしか道はなかったのである。

私が中学三年生のときに買った幸之助の大ベストセラー『道をひらく』の最初の文章は、「道」というタイトルの次のようなものである。

道

自分には自分に与えられた道がある。天与の尊い道がある。

どんな道かは知らないが、ほかの人には歩めない。自分だけしか歩めない、二度と歩めぬかけがえのないこの道。広い時もある。せまい時もある。のぼりもあればくだりもある。坦々とした時もあれば、かきわけかきわけ汗する時もある。

この道が果たしてよいのか悪いのか、思案にあまる時もあろう。なぐさめを求めたくなる時もあろう。しかし、所詮はこの道しかないのではないか。

あきらめろと言うのではない。いま立っているこの道、いま歩んでいるこの道、ともかくもこの道を休まず歩むことである。自分だけしか歩めない大事な道ではないか。自分だけに与えられているかけがえのないこの道ではないか。

他人の道に心をうばわれ、思案にくれて立ちすくんでいても、道は少しもひらけない。道をひらくためには、まず歩まねばならぬ。心を定め、懸命に歩まねばならぬ。

それがたとえ遠い道のように思えても、休まず歩む姿からは必ず新たな道がひらけてくる。深い喜びも生まれてくる。

さらに志についても述べている。

志を立てよう

志を立てよう。本気になって、真剣に志を立てよう。生命をかけるほどの思いで志を立てよう。志を立てれば、事はもはや半ばは達せられたといってよい。

志を立てるのに、老いも若きもない。そして志あるところ、老いも若きも道は必ずひらけるのである。

今までのさまざまの道程において、いくたびか志を立て、いくたびか道を見失い、また挫折したこともあったであろう。しかし道がない、道がひらけぬというのは、その志になお弱きものがあったからではなかろうか。つまり、何か事をなしたいというその思いに、いま一つ欠けるところがあったからではなかろうか。


幸之助の大成功は、この「道」と「志」を信念として、なんとしてもやり抜こうと頑張ったから得られたのであろう。その上に、大阪で育てられ教えられた、商いにおける正しい心得があった。

この自分に与えられたものを〝素直に〟伸ばしに伸ばしていくなかで世界が注目し、世界に貢献した大事業家になったのである。

ヒット商品とピンチ

幸之助の事業の開始は、先のまったく見えない苦しいものではあったが、信じる道への志の高さ、熱意でとにかく頑張っていったようだ。

そしてついに最初のヒット商品が出る。アタッチメントプラグ（電化製品のコードを電灯ソケットにつなぐための接続器具）の改良版で通称〝アタチン〟だ。1918（大正7）年のことである。このとき幸之助は23歳。さらに松下電器は、二灯用の差込みプラグを開発し販売する。こちらは通称〝二股ソケット〟だ。これもアタチンと同様に売れていった。

続いてこの二つの製品の販売を大阪にある問屋の吉田商店に販売総代理店として任せることにする。松下電器は製造に注力できる体制を整えた。最初はこれでうまくいったが、今度は東京方面の競合メーカーが値下げしてきたため、販売が急減してしまう。結局、吉田商店との総代理店契約も解約となってしまった。

この解約は相当なピンチであったが、幸之助自らが大阪の各問屋を回って直接取引ができるようになり、このピンチを脱している。後に井植歳男を東京駐在員として派遣した。

このとき、幸之助自らが営業し販売の先頭に立ったことと、それが成功したことは、幸之助が経営者としての自信と、他の一緒に働く者たち（といってもこのころはほんの少しだったが）の信頼と尊敬を得ることができた点で大きかった。

幸之助の信条の一つである、ピンチのときこそ次の大きな飛躍のためのきっかけをつかむことができるという経験を得たのだ。

幸之助は言う。

困難を困難とせず、思いを新たに、決意を新たに、決意をかたく歩めば、困難がかえって飛躍の土台石となるのである。要は考え方である。困っても困らないことである。

幸之助のこの困っても困らずに飛躍のチャンスと見るのは、ここから習性のようになっていった。

トップ自らが陣頭指揮を執ることができるという能力はとても重要なことである。もちろんトップは実際の最前線の仕事ばかりをするわけにはいかない。他にやるべきことは多い。しかし、いざというときに、自らがやってやるぞという気迫と実践を見せたとき、周りの人は不思議とついていくものである。

例えば徳川家康は「勝てない勝負はするものではない」との考えを持っていた。しかし、ここぞというピンチのときは、先頭に立って戦いに行く。たとえそれで負けることがあっても、人は「この人には敵わない、ついていこう」と思うのだ。

武田信玄が3万以上もの兵を率いて西上したことがあった。徳川家康、織田信長を討ち、都（京）に上がろうというのである。このとき家康は兵力8千、信長からの援軍が3千である。信玄は一見家康を無視したかのようにして目の前を通り過ぎようとしていた。これは家康を誘い出す作戦だった。このとき家康の重臣たちの多くは、浜松城に籠りじっとして守ることを考えるほうがよいとの意見だった。

家康は、重臣や人の意見を大事にする。しかし、このときばかりは次のように言って、信玄の部隊に襲い掛かっていくのである。

「たくさんの人間でもって自分の家の裏口を踏み破って通ろうとしている者たちがいれば、家の中にいるとき、それを出てとがめない者があるだろうか。

やられるかもしれないが、出てとがめるべきであろう。同じように自分の国を踏み破って通る者がいれば、それを勢力が大きいからといって、とがめないことなどできない。絶対にこれと戦うべきである」
このとき、家康はこてんぱんにやられて負けている。しかし、実際にこの気概と陣頭指揮を執ったことで、家臣たちもますます家康を敬い、絶対に従うべき大将と思ったのであった。

幸之助の場合もうまくいっている。最初は躊躇《ちゅうちょ》することがあったかもしれない。しかし、この自らが先頭に立って販売して見せ、それがうまくいったことで、後の事業展開に大きく寄与したのである。この経験が、松下電器のそれからの大発展の契機であったように思えるのだ。

ダム経営と利益への執念

松下電器は現在、「パナソニック」と社名を変えている。

パナソニックとは〝ナショナル〟とならび、松下電器の商標、つまり商品につける一つのブランド名であった。

私が小さいころは、松下電器やその製品のことを家族もみんな「ナショナル」と呼んで親しんでいた。ナショナルはインターナショナルの反対のようなもので国民的なということであろう。

世界のマツシタになり、世界を相手にビジネスをしている今、現経営陣がパナソニックという世界市場で使ってきたブランド名を社名にしたのもわからないではない。いつまでも創業者の名にこだわっているのもカラを破れないからというのも社名変更の理由のようだ。

ただ、昔からの松下電器の一ファンから言わせてもらうと、〝松下電器〟こそ、松下幸之助の経営哲学、経営思想、人生思想がうまく入り込んででき上がった会社であって、何も社名を変えるまでしなくても、松下イズムを出発点としつつ変革は可能だったのではないかと思ってしまう。

その原点は素晴らしいものであるからこそ、ぜひその名は残してほしかったのだ。

もちろん、これに正解はないだろう。しかし、ホンダやトヨタが創業者の名を社名の他に車のブランドにも冠しつつ見事に発展しているのを見ると、一抹の淋しさはあるのだ。


松下イズムの一つは、商品は「品質は素晴らしく、しかも安い」ものを創り出そうというものである。

私の記憶では、松下電器の商品の質がいい、とても素晴らしいものをつくるというイメージは社会に定着していると感じている。

後に井植歳男が立ち上げた三洋電機（サンヨー）は、松下電器（ナショナル）より安いが、品質はまだもう少しというイメージではあった（実際はサンヨーもよかったのだろうが）。

これは松下幸之助の経営思想そのものの反映であろう。

とにかく、現状にまったく満足することなく、「よいものをより安く」つくるために、よい新商品をつくり出すために、必ず利益をためていくようにするという。

他社商品との差別化があり、その差別を値段に反映して、消費者が払ってくれるだろうというところまでのギリギリの値付けをしていく。

もっと安くはできるかもしれない。しかしそれでは、次へのステップがうまくできなくなる恐れがあるという。

松下幸之助のいわゆる「ダム経営」は有名である。ダム経営について次のように述べている。

ダムというのは、改めていうまでもなく、河川の水をせきとめ、たくわえることによって、季節や天候に左右されることなく、常に必要な一定量の水を使えるようにするものである。

そのダムのようなものを、経営のあらゆる面にもつことによって、外部の諸情勢の変化があっても大きな影響を受けることなく、常に安定的な発展を遂げていけるようにするというのがこの〝ダム経営〟の考え方である。設備のダム、資金のダム、人材のダム、在庫のダム、技術のダム、企画や製品開発のダムなど、いろいろな面にダム、言いかえれば余裕、ゆとりをもった経営をしていくということである。

京セラを創業した稲盛和夫も立志伝中の人である。

その稲盛が若かりしころ、京セラを創業して間もないころであろう、すでに経営の神様として名が知られていた松下幸之助の講演を聞いた話が本で紹介されていた。

講演はダム経営についても触れたらしく、終わってからの質疑応答である人が「ダム経営はどうやればできるのでしょうか」と聞いたらしい。すると幸之助は「やろうと思わなければいけませんなあ」と答えたとか。会場からは笑い声が上がったというが、このとき稲盛は、体に雷が落ちたような衝撃を受け、感動している。そして、松下が始めた事業本部方式のような経営方式をさらに細分化し徹底して、いわゆる「アメーバ経営」なるものを考え出したのだ。

いずれも、絶対に利益を出し続けて赤字にはしないという強い強い意志の現れである。稲盛の利益体質を守るための必死の思いとそれに基づく行動は、幸之助の〝ダム経営〟講演を聞いてからというもの、さらに激しく徹底したものになったようだ。

私も盛和会の稲盛講演テープをいくつも聞いたことがあるが、利益を出さない経営者などまるで極悪人のように語っていた。それも激しい口調と言葉でだ。

幸之助も、稲盛ほどではないにしてもあの温厚な人が激高して、叱るときがあったという。それはやはり、仕事で利益を出さずに赤字のときである。

このことは幸之助が松下電器の相談役に退いてからも続いたそうだ。ある事業本部の責任者は、非情にも本社からの資金を引きあげられてしまい、銀行からの融資を受けてその事業の立て直しを迫られている。

これは外国人経営陣に対しても同じで、アメリカのテレビ部門の子会社で赤字が出たときに報告に来たロバート・クラフトは、相談役に退いていた幸之助が入院していた病室で怒鳴られてしまったという。それも、ひ弱そうな体でありながらも、目つきが変わり、激高して怒鳴ったというのだ。

私はこの点においてつくづく創業者の執念を見る思いにかられる。しかも相談役なのだから一歩退いていればいいのにとも思うくらいだ。

財界の鞍馬天狗と異名をとった中山素平が、日本興業銀行の相談役のときに友人が相談しに行ったときの話を思い出した。

中山のことは作家の高杉良が『小説　日本興業銀行』で褒めあげているほどにやり手で有名だが、さすがに創業者というより、官僚型、サラリーマン型の経営者だった。大手各企業には物は申しても、幸之助のような激しさはどこにも感じられなかったようだ。

幸之助も成功ばかりではない。失敗もしている。しかし、意志の強さと熱意と工夫で、それを必ず挽回していくのである。

創業して最初のヒット商品のアタチン、そして二股ソケットに続いて、自転車に利用するいわゆる砲弾型ランプを作り出すことに成功するのである。１９２３（大正

12）年の春先のことだ。１９２１（大正10）年には、むめのとの間に長女の幸子が生まれている。
砲弾型ランプができた年の9月には、あの大災害、関東大震災が起きている。

震災と日本人

自転車につける砲弾型ランプは今でもある商品だ。これが大正時代の当時は、自転車の光源はちょうちんや石油ランプが主流で不便であった。一応、電池式はあるにはあったが、3、4時間しか電池寿命がなかったそうだ。幸之助がつくり出した砲弾型ランプは、40時間ほどの寿命があるという革新的なランプであった。

これを考え出したのは自転車屋での経験があったからであろう。この経験の上に電気関連のものを思いついた幸之助は、何が社会で必要とされているかという考えを持ち、今でいうイノベーションをやり続ける経営者として、その才を発揮し出したのだ。

後に経営学者のピーター・ドラッカーがイノベーション、顧客創造という経営学を日本に紹介しているが、松下の経営手法というのは、ドラッカーの考えをまとめた経営学にほとんど趣旨は一致している。これをドラッカーが知ったら驚くであろう。

ドラッカーが経営・マネジメントで言っていることはたくさんあるが、その中で肝になる二つのことを見てみよう。

一つは、『もし高校野球の女子マネージャーがドラッカーの「マネジメント」を読んだら』（岩崎夏海著・ダイヤモンド社）の大ベストセラーで述べているように、マネージャー・経営者の「真摯《しんし》さ」である。「真摯さ」というのは、ドラッカーの翻訳をほとんど手掛けている上田惇生教授の訳語である。原文では「integrity」とある。すなわち誠実であるという徳、人格であるということだ。「一生懸命に」という真摯さと、「絶対に人を裏切らず、人（従業員や取引先およびお客）の幸せを願っている」という徳の高さを要求しているのである。まさに幸之助のことを言っているようである。

もう一つは顧客の創造である。原文では「to create a customer」とある。

お買い求めいただいた本のタイトル

■お買い求めいただいた書店名

（　　　　　　　　　　　）市区町村（　　　　　　　　　　　）書店

■この本を最初に何でお知りになりましたか

□ 書店で実物を見て　□ 雑誌で見て（雑誌名　　　　　　　　　　　）
□ 新聞で見て（　　　　　　　新聞）　□ 家族や友人にすすめられて
総合法令出版の（□ HP、□ Facebook、□ Twitter、□ Instagram）を見て
□ その他（　　　　　　　　　　　　　　　　　　　　　　　）

■お買い求めいただいた動機は何ですか（複数回答も可）

□ この著者の作品が好きだから　□ 興味のあるテーマだったから
□ タイトルに惹かれて　□ 表紙に惹かれて　□ 帯の文章に惹かれて
□ その他（　　　　　　　　　　　　　　　　　　　　　　　）

■この本について感想をお聞かせください

（表紙・本文デザイン、タイトル、価格、内容など）

（掲載される場合のペンネーム：　　　　　　　　　　）

■最近、お読みになった本で面白かったものは何ですか？

■最近気になっているテーマ・著者、ご意見があればお書きください

ご協力ありがとうございました。いただいたご感想を匿名で広告等に掲載させていただくことがございます。匿名での使用も希望されない場合はチェックをお願いします☐
いただいた情報を、上記の目的以外に使用することはありません。

郵 便 は が き

料金受取人払郵便

日本橋局
承　　認

2771

差出有効期間
2025年8月
15日まで

切手をお貼りになる
必要はございません。

1 0 3-8 7 9 0

953

中央区日本橋小伝馬町15-18
EDGE小伝馬町ビル9階
総合法令出版株式会社 行

本書のご購入、ご愛読ありがとうございました。
今後の出版企画の参考とさせていただきますので、
ぜひご意見をお聞かせください。

フリガナ お名前	性別 男 · 女	年齢 歳
ご住所　〒 TEL　（　　）		
ご職業　1.学生　2.会社員·公務員　3.会社·団体役員　4.教員　5.自営業　6.主婦　7.無職　8.その他（　　）		

メールアドレスを記載下さった方から、毎月5名様に書籍1冊プレゼント!

新刊やイベントの情報などをお知らせする場合に使用させていただきます。

※書籍プレゼントご希望の方は、下記にメールアドレスと希望ジャンルをご記入ください。書籍へのご応募は1度限り、発送にはお時間をいただく場合がございます。結果は発送をもってかえさせていただきます。

希望ジャンル：☑ 自己啓発　☑ ビジネス　☑ スピリチュアル　☑ 実用

E-MAILアドレス　※携帯電話のメールアドレスには対応しておりません。

ドラッカーは「企業は社会の機関であり、目的は社会にある。したがって、企業の目的として有効な定義は一つしかない。顧客の創造である」と言う。

これは幸之助が考え出し、売り出し、そしてついに販売に大成功した砲弾型ランプにその例を見ることができる。

幸之助は、自転車屋で働いた経験からどうしても夜に自転車につけて走るランプが必要となると考えた。それも「長時間持ち、安全で、しかも手頃な値段であれば、お客は喜ぶはずだ」と思い開発したのだ。売り出したところ、最初は反応がよくなかった。特に問屋をはじめ電気商店などの流通業者にさんざん悪く言われてしまった。製品に自信をもっていただけに落胆した幸之助は、ここであきらめずに考えに考え抜く。そこで「問屋がダメなら小売店を回ろう。そして、実際に試してもらおう」というアイデアを思いつき勝負に出た。自分のところの営業マンを使って各小売店に砲弾型ランプを置いて回り、どれほど長持ちするか点灯実験してほしいと申し出たのだ。その数なんと一万個である。持っている財産すべてをつぎ込んでの大勝負である。

するとと、製品のよさを知った小売店から注文が入り始めた。さらに評判を聞きつけた問屋からも注文が入ってきたのだ。幸之助のアイデアで「顧客の創造」に成功したのである。この砲弾型ランプは、翌年には月一万個以上売れる大ヒット商品となっていったのだ。


しかし、「好事魔多し」のことわざがあるように、砲弾型ランプが成功し、代理店を広げ、東京にも井植歳男らを駐在させたところで、あの関東大震災が起きる。1923（大正12）年、9月1日だ。砲弾型ランプがこれからという、代理店を通して販売を拡大しようという矢先だった。

死者、行方不明者10万人以上の大惨事である。首都東京は壊滅状態となった。

私たちは、2011年3月11日の東日本大震災と、続いて起きた福島原発事故の恐さを経験している。その前には阪神大震災、最近でも熊本地震や能登半島地震を経験している。

ここで思うのが、震災があってもただちに復興に立ち上がる日本の人々の強さである。また、それとともに世界が驚いたのは、日本人のモラルの高さ（治安が乱れることなく、皆が協力し合う）であった。この立ち直りの速さが、日本人らしさということになるだろう。これは、わずかな学校教育だけで教わるものではなく、長い間に日本人に培われてきたものであろう。

実は幕末にペリーが黒船で開国を迫っていた直後にも大地震が関東を襲っている。そのときは約3万人が亡くなっているのだ。この惨事を見て、そしてそれに対処する日本人の姿に感動して、ペリーは次のように報告にまとめている。

「彼等は落胆せず、不幸に泣かず、男らしく仕事にとりかかり、意気阻喪することも殆どないようであった」（『ペルリ提督日本遠征記』土屋喬雄、玉城肇訳・岩波文庫）

こういった姿勢を持つ日本人の代表格は松下幸之助である。

いや、日本人一人一人なのかもしれない。

だからこそ、太平洋戦争に負けて何もなくなってしまい、アメリカからやってきた占領軍である連合国軍最高司令官総司令部（ＧＨＱ）の政策下の大混乱の中でも生き抜き、立ち直ることができたのであろう。

幸之助の行動に、私は日本人の典型を見ることができ、再び感動するのである。

松下経営の原点

松下幸之助は自分を強運な人と思い込んでいる。

しかし、実際には不幸と困難にあっている。幸之助は自分の使命を考え、それに立ち向かっていったのだ。

砲弾型ランプの成功とともに事業は拡大していった。1925（大正14）年にはナショナルの商標登録を出願し、翌1926（大正15）年にこれを取得している。ナショナルの名前は、幸之助一流のマーケティング・広告戦略で、全国津々浦々にまで知れ渡っていく。

私が小さいころにも、金鳥の蚊取り線香の看板とナショナルの金属でできた大きな看板があちこちで見られたものだ（それに今はなつかしい仁丹というのもあった）。昭和30年代、40年代には『ナショナルキッド』という〝スーパーマン〟のようなテレビ番組もあって人気があった。確か宇宙からの侵略者などと戦う正義の味方だったように思う。それほどにナショナル・ブランドは国民の間に定着していた。

しかし、1926（大正15）年に長男の幸一が誕生する喜びもつかの間、翌年に亡くなってしまっている。このときは、親兄姉もすべて亡くしていて、その上に長男の幸一までも亡くしている。

幸之助は、「幸」という字にこだわっている。

自分の幸せ、一緒に働くものの幸せ、お客様の幸せ、社会の幸せ、それを追い求め、その一生は求道者が経営者になったようなものであったろう。

子どもを亡くした人の気持ちは本人にしかわかるまい。その中で幸せとは何か、人は何のために生きるのか、何のために仕事をするのかを考え抜く人生が、幸之助の経営者としての人生であったのではないか。

後に、アメリカの『タイム』誌が、幸之助のことを〝哲人〟と呼んで紹介し、世界中の話題となったのも頷けよう。

幸之助はもちろん大成功して財を築いた。しかし、その財を独り占めして喜ぶという人にはならなかった。

父の政楠が米相場取引に失敗して財産をすべて失い、兄姉たちが次々に死に、わが子までも死んでしまった。それでも一生懸命に働く。事業を成功させるために必死に考え抜きつつ、仕事に励んだ。自分は運がいいんだと思い込み、ひたすら事業の成功、従業員の幸せ、社会の繁栄を願った。

この点、秀吉が年を取って、側室の淀殿に子ども（秀頼）ができ、このために随分と醜くなってしまい、評判の悪い朝鮮出兵を始めとする政治をわがままに強引に進めていったことと比べると、秀吉以上の生き方を示したといえるのではないか。

いろいろと比較されることではあるが、子どもの死や誕生でどう思いどう行動していくかは大きく違ってしまったようである。


その後の松下電器は、スーパー電気アイロン、ラジオ受信機とそれぞれに官庁やNHKに優良品として選定されるほどの成功をおさめていく。

そして幸之助は、経営とは何かを真剣に考え、1929（昭和4）年に「綱領」「信条」を制定し、1933（昭和8）年には、事業部制を導入するとともに、『松下電器の遵法すべき精神』を制定している。

この精神ははじめ五つで、後に二つが追加され、〝七つの精神〟となっている。

その前年の1932年（昭和7）年5月5日に全社員を集めて、「所主告示」という形で、経営の基本方針を発議している。これを聞いた全社員がまさに狂喜して一致団結の心を誓ったという。
その告示の内容は次のようなものである。

わが松下電器製作所は大正七年の創業でありまして、爾来全員克《よ》く、和親協力して今日の進展を見、我が業界においてその功績を認められ、一面斯界《しかい》の先覚者たるべきものと、その将来について非常に嘱望せられるに至りました。私達の責任や真に重かつ大なるものと言わなければなりません。よって本日の吉日をとし将来革新への一画期として創業記念日を制定し、ここに親愛なる従業員諸君に告げんとするものであります。

およそ生産の目的は吾人日常生活の必需品を充実豊富ならしめ、而《しこう》してその生活内容を改善拡充せしめることをもってその主眼とするものであり、私の念願もまたここに存するものであります。

わが松下電器製作所は、かかる使命の達成を以って究極の目的とし、今後一層これに対して渾身の力を振い一路邁進せんことを期する次第であります。親愛なる諸君は克くこの意を諒として、その本分を全うせんことを、切に希望します

ここで、「日常生活の必需品を充実豊富ならしめ、而《しこう》してその生活内容を改善拡充せしめる」について、よりわかりやすく後に「水道哲学」と言われた、水道を例にした説明をここで紹介しておこう。

（水道の水は）なにがゆえに価が安いか、それはその生産量があまりに豊富であるからである。いわゆる無尽蔵に等しいがためである。ここだ、われわれ、実業人、生産人のねらい所たる真の使命は。すべての物質を水のごとく無尽蔵たらしめよう。水道の水のごとく価を廉ならしめよう。ここにきてはじめて貧は征服される。宗教道徳の精神的安定と、物質の無尽蔵な供給とが相まって、はじめて人生の幸福が安定する。ここに実業人の真の使命がある。自分がわが松下電器の真使命と

して感得したのはこの点である。ここに諸君にお話しする松下電器の真の使命は、生産につぐ生産により、物質をして無尽蔵たらしめ、もって楽土の建設を本旨とするのである。

このいわゆる「水道哲学」について、幸之助の死後に、ある雑誌で著名な評論家が酷評しているのを見た。私はとても嫌な気持ちになった。それは「水道水というのは公共財じゃないか。その公共財と商品を一緒に論ずるのはおかしい」ということだった。ついでに「松下幸之助は立派なことを言うが、アメリカのロックフェラーなどのような社会への寄附などが少なすぎやしないか」とも批判されていた。

そもそも水道はたとえに使ったのであって、それが公共財だからどうのこうのと揚げ足取りをするようなことを言うのは、日本人らしからぬ卑怯な言いぐさであると思った。

第四章

戦争～苦難を乗り越えて

great person
KONOSUKE
MATSUSHITA

松下はマネシタなどではない

松下電器は、経営の基本方針が発議された昭和のはじめごろ、幸之助のその経営哲学に共鳴した従業員たちが一丸となり、伸びに伸びていった。

このとき幸之助は、事業部制を実施する。現代の大企業では当たり前の体制だが、当時は世界でも数社のみ、日本の企業では初めて導入したといわれている。経営理念にしてもそうで、どんな小さな会社でも、まずは経営理念を創業のときにつくる。

幸之助は当時、会社経営においてはかなり先を走っていた。幸之助のすごいところは、そうした経営理念と事業部制が、必死に事業に取り組んでいる中で思いつき、実践していったものだったところだ。

日本人はマネがうまいと先に触れたが、それは少し間違っているかもしれない。もちろん日本というアジアの片隅の小さな国であるから、世界との交流が他より少なく、勉強し合い、影響し合って発明品をつくったり、システムを考え出したりするが、それでは万事遅くなってしまう。そこでどうしても、ある完成したよい物やシステムを後から見て、それに学び改善していくことが多くなるということだ。決して独創性がないわけではないのだ。

幸之助も、ソケットやランプ、アイロン、ラジオなどは、外国の物に学んでつくった。電気に関連する発明、商品化で有名なエジソンを尊敬していた。それでも発明王エジソンの考え出したものをよく見ると、すべてすでにある、何かの発明にヒントを得て、さらに発展させ、改善したものであるようだった。そのため、ライバルはヨーロッパ、アメリカに多数いた。

幸之助が素晴らしいのは、どうしたら人の生活に役立ち、ひいてはビジネス化できる発明ができるかを考え抜いて、実験したところだ。ほとんどこの地道な研究、実験のくり返しであった。幸之助がエジソンを尊敬したのもよくわかる。

さて、事業部についてだが、これは幸之助独自の考え方で進めている。幸之助は、製品ごとに組織を再編成した。

第一事業部はラジオ。

第二事業部はランプと乾電池。

第三事業部は配線器具と合成樹脂。

第四事業部はアイロンなどの電熱器類。

それぞれの事業部は、一定数の専属工場と販売支店に対して責任を持った。製品開発から製造、販売までのすべてを任せられた、ある程度独立性を備えた組織になっていた。

幸之助は、この事業部制には二つの目的があると考えた。

一つは、事業の成果について責任を持つ社員の数を増やすこと。もう一つは、経営者の育成である。

幸之助自身は次のように従業員たちに説明している。

どんな仕事をしているにせよ、自分自身の仕事に対し完全に責任を負っている者として、あたかも自分が社長のように見なして働かなければならない。そうすることによって、製品がどのようにして作られ、どのようにして新しい発見が生まれるかが理解できるようになるだけでなく、自分自身の成長を促すことにもなるだろう

どこまでも、仕事を通して従業員たちの成長をはかることと、事業の成功によって社会に繁栄をもたらしたいということから考えてのことなのである。

太平洋戦争

戦争は、人類のつくり出してきたものの中で最も悪いものであろう。しかし、悪いものでありながら、人類史上なくなったときがない。

20世紀最大の歴史学者といわれるトインビーの『歴史の研究』という大部の作品を高校の図書館で見つけ、誰一人として読んでいないことを知り、私は挑戦してみた。世界の文明史がつづってあるのだが、世界史をろくに知らない当時の私にわかるわけがなかった。一方で、チラッと見ていた松下幸之助や武者小路実篤の本のやさしいことよ……。

しかし、トインビーという大学者の本を見ていると、人類は、文明が大きくなると対外侵略をひたすら行い、その侵略に対抗する気概のない文明と国家は滅亡していったことはわかった。

第二次世界大戦のとき、日本は唐突に太平洋戦争に突入し、しかも欧米に戦争で挑むということをやっている。

もちろん、戦争はいけないとはっきり言える。

国が戦争状態で、国の要請で嫌々ながらも船をほんの少し造ったら（実際、松下電器はそうした）、戦争協力者として追放されるのだろうか。このとき「私は戦争反対で何も協力しません」というのでは、会社は存続できないだろう。

戦時下であっても、もし自分が会社を経営していたら、当たり前のように従業員のため、社会のため、国のために働くだろう。結果として国が戦争に負けると、それが戦争協力になってしまうのか。何もやましいところはないにもかかわらず。

戦争をすることとまったく正反対の思想を持つ松下幸之助率いる松下電器は、ナショナルランプ、スーパーアイロン、ラジオと次々とその事業を広げ、日本にはなくてはならない会社になっていった。

太平洋戦争が始まった１９４１（昭和16）年に幸之助は46歳、戦争の終った１９４５（昭和20）年には50歳と、普通の人間であれば一番脂が乗っている経営者としての時期だったともいえる。

このときの松下電器は、電気製品の他に、木製プロペラ、木製の船、木製の飛行機などを造っていた。それは、木製で兵器をごまかすようなレベルのものでしかなかった。そして前にも述べたように、私の祖父は鹿児島で上陸する米軍を阻止する訓練を竹槍で行い、父はただただ毎日海岸でたこつぼ掘り（上陸戦車に対抗するための）をしていた。

そんな日本はアメリカに敗れるべくして敗れたのだった。

終戦直後の松下電器と幸之助

あるとき、父の同級生で特攻隊の生き残りという人の話を聞いた。その人は近所でだれよりも文武両道に優れている人だったのに、特攻の生き残りというだけで、どこか申し訳なさそうにしていた。戦争中はヒーローだったであろう。国や地域、家族などの愛する者たちのために若者らしく純粋な気持ちで命をかけて立ち上がった人である。

松下電器のように人々のための事業に邁進しようということでも、形式上は戦争協力者ということになってしまった。

そうは言っても、日本人の変わり身の早さは、ある意味優れていたようだ。戦争中、鬼畜米英と言っていたのに、終戦直後に日本を統治するためにアメリカからやってきたダグラス・マッカーサー連合国最高司令長官とGHQ（当時は進駐軍と呼んでいた）を神様のように扱った。GHQ、マッカーサーのやること、言うことはすべて正しいのではと考える人が急に増えたのだ。これは処世術でもあるのか。

鬼畜米英と言ったのは口先だけで、本当は心の中では戦争に反対していたという人も多数現われてきた。さらに日本の知識人や新聞、テレビなどのマスコミもこの路線をとった。

こんな流れの中で、幸之助はまったくブレていない。終戦の翌日には松下電器の幹部を招集して、「これから元通りの松下電器の事業に邁進できる、やろう」と訓示している。

もっともこれは幸之助一人だけではなかった。全国のあちこちで経営者たちが同じように「さあ立ち上がろう、やるときだ」と声を揃えていた。

中には敗戦で気落ちしたままの人もいただろうが、このよい意味での変わり身の早さ、不退転の前向きさが、日本人の特長の一つのようにも思える。

松下電器は、1945（昭和20）年9月22日にGHQから全生産を停止せよとの命令を受けてしまう。同年の十一月には、三井、三菱、住友、安田が財閥に指定され、解散の命令を受けた（いわゆるGHQの財閥解体）。さらに、翌年の1946（昭和21）年3月に、日産、鴻池、理研、古河、松下などが財閥と指定され、資産凍結令を追加適用されている。この年の6月に松下は、古河、川崎、野村などとともに財閥家族にも指定された。さらには同年の11月に財閥企業の重役以上の役職に就く全員を会社組織から排除する命令までもがGHQから出されている。すでに松下グループには2万人以上の従業員がいたのに、幸之助は会社から追放されてしまった形だ。ナンバー2の井植歳男は、このGHQの命令をきっかけとして独立し、三洋電機を立ち上げている。

こうなると、どんな経営者でも先が見えない暗澹たる気持ちになり、再び立ち上がることを考えないのではないか。

しかし、幸之助は不思議な人である。不思議な人というより、やはり〝経営の神様〟なのであろう。あんなに弱かった体が戦争中あたりからメキメキと元気になり、GHQからの壊滅的な指令に対しても、へこたれることはなかった。

何より、これまで何もないところから、自分の体と頭でなんとかしてここまでにしたという自信があったのであろう。何も自分は間違っていないという信念から、必ず松下電器は甦ると思い込んだのである。

一人だけの繁栄はありえない

ＧＨＱによる財閥解体は、結果として日本のビジネスの発展に効果があったと思われている。

松下電器にも財閥解体の命令が下っているが、財閥企業と松下電器が同じかというと、会社の規模は大きいがそれは違うのではないかと思えてくる。幸之助自身も、どこが財閥なんだという思いがあったのであろう。彼は取り消しを求めて何十回も大阪から東京のＧＨＱへと通っている。そのための資料づくりにも追われた。驚くのは、結成された労働組合とその家族からの5千名以上の署名による請願が行われていることだ。加えて販売代理店からも署名による請願がなされている。

さらに注目すべきは、この労働組合の結成は１９４６（昭和21）年１月という戦後に、1万5千人、42の支部で行われている点だ。

組合の結成式は大阪の中之島中央公会堂で開かれた。このときになんと幸之助は祝辞を述べようと出席しようとしている。組合を指導していた某政党の人は驚いたものの、社員の人たちに聞いたら「ぜひ」ということになった。そして幸之助が祝辞を述べると組合員一同（社員一同）に大喜びされたという。これは幸之助の経営が、何も私心なく、ただ従業員のために、お客様のためによかれと全身全霊でやってきたことを表すものといえるだろう。

こうして組合や代理店の人たちによる財閥指定解除の運動が功を奏し、さすがのGHQも考え直した。

話は前後するが、なぜ販売代理店の人たちまでが指定解除の運動をしていたのかがわかる資料がある。

戦争直前ではあるが、販売代理店向けのパンフレットに左記のように書いてある。

これも幸之助の経営哲学がよくわかるものである。

もしあなたが、製造会社を販売代理店の一つと考え、販売代理店を製造会社の支店の一つと考えるならば、努力して互いに助け合うことの大切さがわかってもらえると思います。私たちは、自分たちの知識の及ぶ範囲で、あなたがたの店の経営に関する助言を提供していくつもりです。私たちが互いに精神的に成長していけるように、親密な関係を促進し、その時代時代にふさわしい真実の経営の道を切り開き、築き上げていきたいと思います。私は、相互の繁栄を目指し、幸福な生活を創造するために、互いに協力し合わなければならないという信念をますます強くしております。ところが、事業の規模が拡大していくと、えてして経営に緩みが出て、社員のあいだに驕りが生じてくることに気づいたのであります。私たちはこういう事態をなんとしてでも避けなければなりませんこうした社員（組合員）、販売代理店も一体となっての運動もあって、松下電器は1949（昭和24）年12月に財閥指定を解除されている。幸之助にとっても当然のことであったのであろう。

財閥家族に指定されているとき、幸之助はPHP研究所を創設し、月刊誌『PHP』を創刊。後の1953（昭和28）年に『PHPのことば』を刊行している。これは月刊誌『PHP』に載せた内容を本にしたものである。

その中に「一人だけの繁栄はありえない」という文章があり、これこそ、社員、販売代理店、そしてお客様を一体として考えてきた幸之助の思想を説いているものがある。これを読むと財閥指定解除も当然だったことがわかる。

一人だけの繁栄はありえない

生命力というものは、人によってみな異なります。お互い人間どうしのあいだでも、これを微細に見れば、みな違っているのであります。そうであればこそ、一人一人に違った個性や進み方というものが生まれてくるのであります。しかしながら、それらの生命力は、みなバラバラのものではなく、同じく宇宙根源の力から与えられたものとして、生命力はすべての人につながっていると思うのであります。

したがって、みんなが、それぞれの生命力を生かさなければならないのであって、つまり一人だけが繁栄になるということは許されないのであります。繁栄というものは、どうしてもほかとのつながりをもたなければなりません。すなわち、自分が繁栄しようと思えば、他人の繁栄も考えなければなりません。社会全体をほんとうによくしなければ、自分の繁栄は確保されないのであります。

青春再び

松下幸之助は50歳を過ぎた。

後に〝不倒翁〟と呼ばれた不屈の男も、この歳のころ少し弱った時期がある。日本の敗戦とその後のＧＨＱやマッカーサーの政策に苦労していたときだ。

マッカーサーは当時、日本憎しに凝り固まっていたようだ。

マッカーサーの父はフィリピンの支配者（総督）として君臨していた時期があり、その由縁のある土地を太平洋戦争時に日本軍によって追っ払われてしまっている。マッカーサーは有名な言葉、「I shall return.」とともに、日本に復讐を誓っていたのだ。

日本人はあまり気にかけていないが、欧米人の領土の感覚はちょっと違うようだ。王様、諸侯を始め、身分の高さ、爵位などは領土と強い関係がある。日本が明治時代に真似をして取り入れたような名前だけの爵位とは違う。

インディアンを排斥し、フランスを追い払い、イギリスからも独立した新興国アメリカは、メキシコから領土を奪っただけでなく、19世紀末にスペインから領土を奪い、元の本国イギリスさえも凌ごうとしていた。スペインから奪ったのがフィリピンである。同じころ、ハワイ王国からハワイも奪っている。

フィリピン、ハワイを奪ったときに少し邪魔になっていたのが日本であった。日本は日露戦争に勝ったものの、アメリカ大統領のセオドア・ルーズベルトの仲介で、有利ともいえない講和条約を結ばされた。ルーズベルトは、日本は将来の敵となると見て、軍の整備や国力の充実をはかっている。その流れの中に、マッカーサー親子がいた。

ただしマッカーサーは、フィリピン占領軍のボスとして、まさに王様のように君臨していたが、だんだんソ連（現在のロシア）や中国といった共産主義勢力台頭への対策を迫られるうちに、日本がアメリカや中国に対して戦争を起こしたのは、自衛のために仕方がなかったと思うようになっていった。

だんだんと日本人に理解を示してきたのである。それは、昭和天皇の態度を見ているうちに変わったのかもしれないし、幸之助たち民間の決してめげない誠実な姿に影響されたのかもしれない。

マッカーサーは1951年5月3日に、アメリカの上院軍事外交合同委員会で次のように証言している。

「Their purpose, therefore, in going to war was largely dictated by security.

(したがって、彼らが戦争を始めた目的は、主として安全保障上の必要に迫られてのことだったのです)」

しかし、そうは言われても、敗戦からの4年の財閥指定解除までの間、松下幸之助を始めとする誠実な経営者たちはボロボロにされていた。トヨタ自動車の創業者である豊田喜一郎は会社を去り、やっと戻れることになったときは、体がおかしくなっていて病死してしまっている。

さすがの幸之助もこの時期は不眠症に悩まされ、睡眠薬や酒にも頼るようになっていたそうだ（豊田喜一郎も飲み過ぎが死因の一つだったとされる）。頼りにしていた井植歳男（とその弟たち）にも去られた。そんな中で、幸之助は考え続け、そして『PHP』を創刊した。

さらにそのころ、マッカーサーが愛し、持ち込んだと言われるサムエル・ウルマンの詩『青春』に出会い、その内容をとても気に入ったという。幸之助は、自分のことを言っているのではないかと思ったことだろう。そして五十代を半ばにして、この詩のように生きるとし、死ぬまで青春の人のように生きるのである。

その詩は次のようなものである。

青春とは人生のある期間ではなく、
心の持ち方を云う。
薔薇《ばら》の面差し、紅《くれない》の唇、しなやかな手足ではなく、たくましい意志、ゆたかな想像力、炎《も》える情熱をさす。
青春とは人生の深い泉の清新さをいう。

青春とは臆病さを退ける勇気、
安きにつく気持を振り捨てる冒険心を意味する。
ときには二十歳の青年よりも六十歳の人に青春がある。
年を重ねただけで人は老いない。
理想を失うとき初めて老いる。
歳月は皮膚にしわを増すが、熱情は失えば心はしぼむ。
苦悩・恐怖・失望により気力は地に這い精神は芥《あくた》になる。

六十歳であろうと十六歳であろうと人の胸には、
驚異にひかれる心、おさな児のような未知への探求心、人生への興味の歓喜がある。
君にも吾にも見えざる駅逓が心にある。
人から神から美・希望・喜び・勇気・力の
霊感をうける限り君は若い。

霊感が絶え、精神が皮肉の雪におおわれ
悲嘆の氷に閉ざされるとき、
二十歳であろうと人は老いる。
頭《こうべ》を高く上げ希望の波をとらえる限り、
八十歳であろうと人は青春にして已《や》む。

（作山宗久　訳）

第五章

再起～世界の松下へ

great person
KONOSUKE
MATSUSHITA

不倒翁、また立ち上がる

戦後統制などの不当な制約がとれたとき、松下幸之助はより強くなっていた。そして、戦前につくり上げた経営方法や経営理念を復活させ、さらに強化していった。井植歳男に去られたことはショックだったが、かえって他の幹部たちも育っていくという松下一流の「ピンチを飛躍のチャンスにする」というやり方がこのときも生きた。

戦後の日本経済の発展のきっかけとなったのは、いわゆる朝鮮戦争であることには違いない。潰れかけていたトヨタも朝鮮戦争特需で立ち直ったといわれる。何かきっかけがあれば再び発展し始めるのが日本経済の実力であったことも間違いない。

再起した幸之助は、さっそく三つの事業部をつくった。

一つは自分が担当し、もう一つは長女の幸子と結婚し、養子に入っていた松下正治が担当、さらにもう一つは高橋荒太郎が責任者となった。

第一事業部はラジオ、通信機器、電球、真空管を製造し、第二事業部は乾電池と電熱器、第三事業部は蓄電池と変圧器を受け持った。

この中では、高橋の第三事業部だけが最初にうまくいかなかった。高橋が見るところ、松下電器のあの〝七つの精神〟である『松下電器の遵奉すべき精神』を失っているからだと考えた。そこで組合と相談の上、毎朝これを第三事業部の従業員全員で唱和することにした。

高橋は、社員を集めて次のように言ったそうだ。

——》

われわれが抱えている問題の根幹は、松下の基本方針に沿って仕事をしなくなったからである。これらの〝精神〟に従い、これらの〝精神〟に照らして自分たちの行動を謙虚に反省してみれば、われわれは必ずや成功する。もし品質が悪くて製品が売れないのであれば、操業を停止して、製品の改良を図らなければならない。品質の悪い製品を作っているのであれは、社会に貢献していることにならないし、〝精神〟にも反することになる

こうして高橋の事業部はよくなっていく。そして他の二つの事業部もこれにならい『松下電器の遵奉すべき精神』（七つの精神）を唱和し、〝七つの精神〟に沿って、さらに発展を始めた。

ここで再度〝七つの精神〟を、松下幸之助自身の言葉も使いながら紹介していこう。

一、産業報国の精神

産業人たるわれわれの第一義とせねばならぬ精神である。本所が呱々《ここ》この声をあげた当時より、特にこの精神にもとづいたわけではないが、その業績を顧みると

き、完全に本精神に合致してきているのである。今まで汚い行いをしていたものが急に美しい看板を掲げたとて、かえって醜さを感じさせるのみであるが、本所のそれは決してさようではなく、創始以来事実のままをここに新しく掲揚したところに価値があり強さがあるのだ

二、公明正大の精神

いかにすぐれたる学識才能を有するも、この精神に欠くる者は、もって範とするに足らない。この点においても、従来、本所のとりきたった道は決して外れていない。新製品を売り出す場合など、多くのメーカーは、その製造原価のごときは秘してなかなか話さないものであるが、本所は必ずこれを明らかに発表する。ムダなかけひきや術策は用いない。そしてこれに妥当な口銭をもらうことに了解を得た上、売価を決定している。かくのごとき点が取引先の人々からしだいに認められ、おかげで今日の伸展を見たのである

三、和親一致の精神

本所は和合のよくできた店と各方面から見られているが、まだまだ完全なる和親一致には達していないと思う。真の和合を望む上は信条にも示すとおり『自我』を捨てねばならぬ。

自我を捨てよと言えば、人格を無視した言葉と思うかも知れぬが、それは大いなる誤りである。決して黙々たる人形たれと言うのではない。是と信ずることは堂々主張し、さて最後の裁決に対しては淡々として裁決者の裁決を尊重する雅量を持て、と望むのである。これでこそ自我を捨てて集団を生かし、やがて自己を生かす最善の行き方である

四、力闘向上の精神

力闘こそすべてを生かし真の平和を生む向上への唯一の手段である。この精神に欠くる者は、いかに立派であってもそれは魂のないロボットにすぎない

しかしながら血気にはやり、いたずらに争いを好むごときは絶対に戒めなければならぬ。外に温情柔和、内に熾烈《しれつ》なる闘争心を貯え、商戦の時に応じ、機に臨んでひとたびこれを発揮すれば勝たねばやまぬの勇猛心を培っておきたいものである

五、礼節謙譲の精神

礼節は生物のうち人間のみがもつ特権であり、またこれを尽くすことは、人間として一大義務である。もし人間社会から礼儀を抜き去ったならば、もはや野獣の社会と選ぶところがない。世界の平和も一国の秩序もまったく保つことができないのである

六、順応同化の精神

おもうに、順応同化の精神は、大いなる誠であると私は思う。すべてを抱擁し、大

いなる正しき動きに忠誠の誠をささげるの心である。大いなる誠に従うすなおな心力の現われは、いわゆる神に従うの心である

七、感謝報恩の精神

感謝報恩の精神は、道徳の最高である。あらゆる道徳のうちで最高に位《くらい》するものである。そしてこの精神が強ければ、その精神に比例して己れの存在価値が強まるのである

真に感謝報恩の念は、われわれに無上の光明と潤いと、そして力と進歩とを与える幸福の泉なのである。若い人たちでこの念の強い人は、最も将来性ある動きをなす人であると、私は常に考えているのである

世界に羽ばたく

再び『松下電器の遵奉すべき精神』（七つの精神）とともに大きく甦った松下電器であるが、幸之助はさらに世界へと視界を広げていく。戦前にアジア各国に進出していたものの、今度は資本主義経済の中心となったアメリカ、そしてヨーロッパに向かった。

1951（昭和26）年、56歳の幸之助は、初めてアメリカを訪れた。一カ月の滞在予定が三カ月ほど伸び、ほぼニューヨークを中心に滞在している。

前述した豊田佐吉は、アメリカに行って大いなる刺激を得ている。

一つは、技術では負けてない自信を得たこと。もう一つは、やはり時代の最先端を知り、いずれ日本に車社会が到来することを予期し、日本人の手で車をつくることを考えたことである。自分たちの手で車をつくれないとアメリカの車社会に支配されてしまうとの危機感を抱いた。これが帰ってからの息子・喜一郎への指示となった。

喜一郎もイギリスを中心としたヨーロッパを見て、これからは織機分野だけではだめだと予測していた。しかも、高校、大学の同級生たちも車分野に関係する官僚、研究者がいて、人的関係からも車を志向している。

一方の幸之助はアメリカで、松下電器の技術と販売、特に経営法は世界に負けていないことを知った。

また、商品開発の多様性や豊富さ、電化製品がある繁栄した社会、資本主義、自由主義のよさなどを実感していった。さらに、おしゃれな人々を見て学んだようで、なんと、それまでの坊主頭をやめて髪を伸ばし始めている。

翌1952（昭和27）年には、ニューヨーク経由でオランダのフィリップス社を事業提携契約をするために訪れている。

松下電器とすると、まだ遅れていた世界レベルでの商品開発技術を学び取り入れること、フィリップス社側とすると、松下電器の日本での販売力に目をつけて売り上げを伸ばすということで両社の利益になる話ではあった。

この提携契約の大枠は、日本で合併企業を設立し、フィリップス社が技術を提供して30％を出資し、松下電器は資本の70％を出資してこの会社を経営するというものである。フィリップス社は、技術指導料として売り上げの7％を要求した。

結局、松下電器はフィリップス社に技術指導料として4・5％を支払い、フィリップス社は松下電器に3％の経営指導料を支払うことで合意した。

この合併は、松下電器にとって、日本そして世界に向けた商品づくりと販売に、とてつもないよい結果をもたらすことになる。

この後にますます松下電器は発展していき、1967（昭和42）年のフィリップス社との契約延長時には、フィリップス社の技術指導料が2・5％、松下電器の経営指導料も2・5％と同じ数字になった。

　これは松下電器の充実ぶりを証明している。

世界の松下幸之助

フィリップス社との業務提携により、世界レベルの商品には何が求められるかを学び身につけた松下電器は、世界市場にどんどん出て行った。

〝ナショナル〟と〝パナソニック〟のブランド名で、テレビ、ラジオ、ビデオデッキと次々に販路を広げていく。

幸之助はこの成功で、ますます自分たちの経営手法に自信を深めていった。と同時に、戦争時の教訓から決して浮かれることもなかった。

日本では、戦後に出てきたソニー（設立時は東京通信工業）も注目された。口の悪い人々は、ソニーを最先端企業と呼び、松下電器を〝コピーキャット〟（猿マネ企業）と呼んだ。

しかし、体験的に両社商品を見てきた私からすると、ソニーは、売り込みのセンスが第一級である盛田昭夫流の広告、マーケティングがうまく成功していて、そこに開発力抜群の技術者である井深大のアイデアがうまく機能していたように思う。この二人の創業者コンビがソニーを最先端たらしめていたのだ。

例えば、ソニーはトランジスタラジオで有名になった。松下電器の何十年にも及ぶ技術を基本にこれを乗り越え、トランジスタ技術を応用して小型化しようというところがソニーの斬新さであった。

ソニーの商品をレコードプレーヤーなどのオーディオからテレビまでを買い続けた個人的経験から思うのは、値段は高くてそこそこの品質だが、松下電器の安定した信頼できる商品にはまだまだで、それに追いつき追い越そうとの意欲がひしひしと感じられた。

後年、盛田昭夫は『メイド・イン・ジャパン』という著書を英文で出版し、アメリカを中心に世界的な有名人となっていく。

そうして盛田昭夫とソニーは世界的に知られていくが、幸之助はそれほど認知されず、松下電器は〝コピーキャット〟と揶揄されてしまう。この状況を幸之助は「大いにけっこう」との趣旨のことを言い、余裕の顔をしていたように言われていたが、本当は違ったようだ。なぜなら、自社の商品に絶対の自信を持っていたはずだからである。

そもそも、先に紹介した松下の〝七つの精神〟の中にも「公明正大の精神」「礼節謙譲の精神」がある。また、「真似る」こと自体、「勉強の仕方の始め」としては認めているが、次のようにも言っている。

——〝

ものをおぼえることは、まねることから始まる。こどもの歩みを見てもよくわかる。しかしウリのつるにナスはならない。柿の種をまけば柿がなり、梅の木には梅の花が咲く。

人もまたみなちがう。柿のごとく梅のごとく、人それぞれに、人それぞれの特質があるのである。大事なことは、自分のその特質を、はっきり自覚認識していることである。

その自主性がほしい。まねることは、その上に立ってのことであろう

日本の消費者は、そこまでバカではない。

何がただのモノマネなのか、コピーキャット企業にすぎないのか、よく見抜く。

今から40年くらい前、ビデオデッキのVHS対ベータ対決（通称・ビデオ戦争）があり、私は面白く見ていた。松下などのVHS派対ソニーのベータ派の対決だった。幸之助、盛田昭夫の二人ともマスコミを使った広告、宣伝やマーケティングはお手のものである。私の大先輩のマスコミ人は盛田にうまく使われて、ベータ派の優秀さを広めていたが完敗だった。

さすがのソニーもマスコミ戦略だけでは、日本の消費者を味方にすることができなかった。より消費者の視点を優先し、よい商品をつくろうとする松下電器らの先行企業（ＶＨＳ派）に軍配が上がったのだ。

それにしても盛田昭夫は当時のビジネス界のスターだった。ジャパニーズビジネスマンの典型として、日本人のみならず、アメリカのビジネスマンも憧れた。

しかし、盛田ほど知られなくても、商品ではソニーよりも広く販売され、また、盛田に先んじて、世界で知る人ぞ知る存在になったのが幸之助である。

１９６２（昭和37）年にアメリカの週刊誌『タイム』のカバーストーリーになったのである。当時の『タイム』は世界一影響力のある雑誌で、世界中の知識人と称する人は皆、目を通していた。

その『タイム』は五つの視点で松下幸之助を紹介している。

第一に最高の産業人であること。

第二に最高の所得者であること。
第三に最高の思想家であること。
第四に最大級の雑誌発行者であること。
第五に最大のベストセラー著者であること。

まさに、世界に羽ばたく松下電器を率いる大創業者で、哲人の松下幸之助であった。

松下幸之助が日本人に遺してくれたもの

松下幸之助は世界に羽ばたき、世界中のビジネスマンに愛された。最晩年は、中国のビジネス発展の助けになろうと、中国にも進出し協力している。

幸之助は、普通の人と同じくらいに愛国者ではあったろうが、保守的な人、右翼的な人というイメージはない。やはり最晩年に始めた「松下政経塾」出身者の多くが、野党の代議士になっているのを見るとそれがわかる。

意外だけれども、アメリカに住み、ソニーを宣伝しまくって、世界のソニー、世界のモリタとなった盛田昭夫は、はっきりと保守的な考え方をしていた。

ただ、幸之助も日本人であることに誇りを持っていたことには変わりはない。例えば、日本人について次のように述べている。

同じ日本人でも細かくみれば、考え方や性格など実にいろいろな人がいるわけですが、しかしまた一面には、日本人には日本人としての共通の特性というか、日本人独特の民族性、国民性というものがやはりあるように思います。日本独特の気候や風土の中で長い間過ごしているうちに、たとえば日本人特有の繊細な情感というものが、しだいに養われてきたと言えるでしょう。

日本人の国民性の中にも、反省すべき点は少なくありませんが、とくに勤勉さとか、器用さとか、恵まれた気候風土と長い歴史伝統によって養われてきたこういう特性には、世界にも大いに誇り得るものがあるように思うのです

また、日本人と日本国家のあり方についても次のように言って、警告を発してくれている。

個人の場合でも、自己没却といいますか、自分の主体性を失ってはいけませんが、

国家でも同様だと思います。国としての主体性をもたず、右往左往していたのでは、けっして好ましい発展はありえないでしょう。したがって、常に主座を保ってきたという日本人の伝統精神は、きわめて高く評価すべきものがあると考えるのです。

そうした伝統の精神をはぐくんだものは、一言にしていえば、日本特有の気候風土と建国以来二千年におよぶ独自の歴史でしょう。豊かな自然と彩り豊かな自然と彩り豊かな四季の変化というもの、天皇家を精神的な中心として一貫して発展の歩みを続けてきた日本の歴史、そういうものが、しだいにしだいに、この好ましい日本の伝統精神をはぐくんできたのだと思います。

ところが、そうした好ましい伝統の精神が今日の日本人によって十分認識されているかといいますと、残念ながらそうではありません。むしろ、とかくそういう伝統とか歴史とかを好ましく考えたり、教えたりする傾向がないように思われます。そういったことで、日本のよき発展が可能でしょうか。私はそこに非常に大

きな危惧をいだくものです
――

幸之助は明治以来の日本人そのものの歴史でもあった。とにかく明治以降の日本は本当に貧しくて、大変だったけれども、西洋諸国に学び、早くそれに追いつこうと頑張った。だからとかく西洋至上主義のところがあったことは否定できない。

日本と日本人は、すごいとは思う。あの貧乏の中、資源も何もない中で、なんとか歯を食いしばって頑張ってきた。アメリカと連合国を相手に4年もの無謀な戦争をやった。かえって、戦争協力者と一方的に決めつけられた幸之助たちは、それをよく反省をし、しかし、日本人のよかった点、自らの最善を目指してきた点を素直に認めていった。

松下の〝七つの精神〟はそうして、戦後も世界でも通用する、正しいものだとわかってきた。

現在も、ビジネス界は混沌としているが、その一方でアメリカのＩＴ企業群などが世界を牛耳っている部分もあり、日本でもはびこっている。しかし、これではいけないはずだ。

日本のビジネスは、渋沢栄一や松下幸之助が考え抜き、試行錯誤しながらやってきたことの線上にある。

私たちは、何度もこうした人たちの遺産に学ばなければならない。

松下幸之助の人生の軌跡と遺してくれた考え方は勉強し尽くせないほど膨大なものであるが、現代の日本人にとっては必須の勉強材料なのである。

終わりに

最後に、松下幸之助の業績と私たちに遺してくれたものを考察したい。といってもかなり膨大になることは間違いないのだが、そこで一つの基準として、故・谷沢永一の見方を紹介していきたいと思う。

谷沢永一は、書誌学者として有名であったが、司馬遼太郎などと懇意にし、関西人に特別な愛情を持っていた人である。その膨大な読書量は同世代人から抜きん出ていたし、歯に衣を着せぬ評論で人気があった。

その谷沢永一が、松下幸之助の全著作を調べ、なんと五つの特徴にまとめているのだ（『松下幸之助の智恵』ＰＨＰ文庫）。これからそれぞれを紹介していくが、五つではいくらなんでもまとめすぎな感が否めない。そこで、僭越《せんえつ》ながら谷沢説に追加して私見も述べていきたい。

第一に「考える人」である

単に物事を見て感じて受けとるだけでなく、いつもその奥底に何があるんだろう、と考えて止まない。考えること、それ自体に価値があると強く認識していた松下幸之助は飾りのような学問に一切こだわることなく、とにかく世の中の物事が成り立っている理《みちすじ》は何か、その理り《ことわ》はどこにあるか、ということを終生にわたって考えた。したがって単に知識を蓄えるということに対しては、ほとんど何の関心もなかった。

その筋道を理解する手始めは、物事をじっと直視することである。じっとありのままを観察すれば、理は自ずからわかってくる。――これは松下幸之助のひとつの信念だったであろう。彼の全著作を見渡して感じるのは、『真実とは単純なものである』という信念である

第二に「智恵の人」である

幸之助がこのようなことを考え始めたのは、おそらく八歳か九歳ごろであっただろう。人間という存在に対する様々な疑問が、ふつふつと自分の中にわき上がってくる。どこかにその疑問を解決してくれるような考え方はないものか。それが思索の契機だったたであろう。そこでまず人間の生活、人間の実体を、じっくりありのまま観察して、自分の判断はすべてそれに基づこうとした。そしてそれによって得られたものが『智恵』である。あるとき、幸之助は、『智恵が人間の本体である。知識ではない』と悟った

第三に「素足の人」である

物事を考えるのはけっこうなことであるが、それについて何らかの発言をする人は、たいてい素足では出てこない。必ず大きな足袋や足駄を履いて出てくる。それはつまり『前提』ということである。『人間はこうである』とか『世の中はこう

である』という前提をたて、しかもそれは人から借りてくる。有名人や、長い歴史の中で重んじられている人が言った言葉はもはや公理のようなものであって、それ自体は証明する必要がない、だから自分はその上にたってものを言えば心配ないと、たいていの人は考える。しかし、松下幸之助に限っては、そういう足駄《あしだ》を絶対履かなかった（足駄とは高下駄のことを言う…著者注）

第四に「体験の人」である

幸之助ほど非学問、反学問の立場に徹した人を見ると、むしろあっぱれと言わざるを得ない。大抵われわれは幼いとき学校に入り、勉強させられて、そこでまず知的劣等感をたたき込まれる。だから殆んどの人は、知的劣等感をバネにして出発するのだが、幸之助だけはそのような学校に行ってなかったものだから、知的劣等感をたたき込まれるという境遇におかれなかった。そんなものにまったく無縁であった。これが私は素晴らしいことだと思う。すべからく人間、ものを考え

るについては、そういう知的劣等感を持たないで踏みだしたいものだと思う

第五に「独立の人」である

これだけ一生懸命考え抜いて、自分の意見を人に理解してもらおうと奮闘これ努めた人であるにもかかわらず、自分が独創的であろうというような山気を一切持たなかった。これまた珍しいことである。何か世間に対して発言する場合、それが他の誰も言っていない新しい意見であると評価されたい、という助平根性が人間には絶対ある

幸之助のキーワードのひとつは『素直』ということである。『素直』であれといつも言い、しかもその通り素直に見て、考えた。自分と天地万有と、ただ二人だけが差し向かいで、ものを考えている

以上、大学者の分析にさすがと頷《うなず》くしかない。

ただ、小学生のころからの松下幸之助ファンであり、中学生のころからその著作に酔いしれてきた私としては、どうしても五つというのは物足りなさを感じざるをえないのだ。

それは、谷沢説が違うというのではなく、欲張りな私としては、谷沢説にさらに次の五つを追加をしようというものである。

あつかましくも、私見を述べさせてもらう。

第六として、まず信念、情熱の人というのを挙げたい。

幸之助は、自分で考え出した物や経営のあり方において、「なんとしても実現させてみせる」という信念が揺るがない人であった。

自分はなんと運の強い男だという思い込みも、その信念を貫き、目的を成就させる情熱の表れであろう。

幸之助自身は、例えば次のように言った。

何事によらず、志を立てて事を始めたら、少しうまくいかないとか、失敗したというようなことで簡単に諦めてしまってはいけないと思う。一度や二度の失敗でくじけたり諦めるというような心弱いことでは、ほんとうに物事を成し遂げていくことはできない。

世の中は常に変化し、流動しているものである。一度は失敗し、志を得なくても、それにめげず、辛抱強く地道な努力を重ねていくうちに、周囲の情熱が有利に転換して、新たな道が開けてくるということもあろう。世に言う失敗の多くは、成功するまでに諦めてしまうところに原因があるように思われる。最後の最後まで諦めてはならないのである

第七に感謝の人である。

『松下電器の遵法すべき精神』（七つの精神）の一つにも「感謝報恩の精神」というのがあった。幸之助自身が、感謝を忘れることなく、自分に何かしてくれる人、教え

てくれる人、物を買ってくれるお客さんなどに心から感謝した。だからこそ、あれだけ人の言うことを真剣に聞くことができ、そこから知恵や大切なことを学び取ったのである。

そして次のように述べている。

今日の社会においては、われわれはどんなに力んでみたところで、ただ一人では生きてゆけない。やはり親兄弟はじめ多くの人びと、また人ばかりでなく、周囲に存する物や環境、さらには自分たちの祖先や神仏、自然の恵みのもとに暮らしている。そういうものに対して、素直に感謝する心を持つということは、人としていわば当然のことであり、決して忘れてはならない態度だと思う

第八に実践の人である。

よいとわかったら、とにかく実践する。躊躇などしない。それは、「素直な心」を

何よりも大事にしている人だからであろう。

「素直に生きる」については次のように述べている。

素直さは人を強く正しく聡明にする。逆境に素直に生き抜いてきた人、順境に素直に伸びてきた人、その道程は異なっても、同じ強さと正しさと聡明さを持つ。お互いに、とらわれることなく、素直にその境涯に生きてゆきたいものである

第九に、人を生かす人、部下を伸ばし、育てる人であった。

幸之助の名文句の一つに**「松下電器は人をつくっている会社です。あわせて電器製品もつくっています」**というのがある。

本当にそう言うだけのことはあった。

なぜ人が育つのか？　それはやはり、人を信じ、人の幸せを考え、人の言うことをよく聞くからだろう。特に幸之助は「部下を伸ばす人というのは、部下の言葉に耳を

傾ける人だ」と言う。

なぜそうなるかというと、やはり部下の言葉に耳を傾けることによって、部下が自主的にものを考えるようになり、そのことがその人を成長させるのだと思う。自分の言うことを上司に聞いてもらえば、部下としてもうれしいし、そこにまた自信も湧いてくるだろう。そしてさらに次々と新しいことを考え、提案するということになるだろう。それによって、視野も広くなり、考え方も深くなるなどしだいに成長してくると思う

最後の十番目に、かわいげのある人、とにかく人に好かれる人というのを挙げたい。

これは私自身が、松下幸之助の下で働いたことのある方から直接聞いて感じたことである。もちろんトップの経営者であるから怖かった。しかし、何か言いたくなる不思議な魅力があった。恐る恐る言ってみる。すると真剣に聞いてくれる。必ず反応し

てくれる。後に、そのことを覚えてくれていて、言ってくれたことを喜んでくれる。そんなところに、その表情と雰囲気が相まって、何かかわいげと言うか、そんなものを感じたらしい。

司馬遼太郎の大ベストセラーの一つ『新史太閤記』の中に、可愛気《かわいげ》に関して次のような描写がある。

（なんと可愛気のある男だ）半兵衛はおもった。本来、門地も膂力《りょりょく》も何物も持たぬ猿にとって、この可愛気のみが財産《しんしょう》であった。これがあるために猿は信長にひろわれ、こんにち、人がましく世にたつこともできた。半兵衛も、猿のその、いわば滴るような可愛気に蕩《とろ》かされた。つい（この男に、武辺の手柄を立ててやろう）という気になった秀吉と幸之助は、よく比較された。どこか似てるところがあるからである。私は一番似ているのは、このかわいげがあり、人に好かれるところにあるのではないかと思っている。

とにかく秀吉と幸之助は、話題にするだけでも明るさを感じる。

幸之助は、9歳から丁稚奉公をしたが、その家で、主人やおかみさんからかわいがられた。それが一番の財産となったのではないだろうか。「人は皆自分を好いてくれる。自分を信用してくれる。これに応えるためにも頑張らなくてはならない」、と思ったはずだ。

必要があって幸之助が取引先と話をしても、販売代理店やお客と話をしてもなぜか人は幸之助の言うことを信じ、「わかった」となった。

人を惹きつけることについては、幸之助自身は次のように言っている。

そうした魅力的な人柄というものはある程度先天的な面もあって、だれもが身につけることはむずかしいかもしれない。しかし、人情の機微に通じるとか、人を大事にするとかいったことも、努力次第で一つの魅力となろう。

いずれにしても指導者は〝ひきつける魅力〟の大切さを知り、そういうものを養い高めていくことが望ましいと思う

以上、私なりに松下幸之助の魅力、人としての尊敬すべきところを谷沢説に加えてみた。

松下幸之助のこの十の魅力というか人格力は、私たちが学んでいくべき事柄でもあるだろう。

豊臣秀吉と並び、いや人生晩年の生き方としては、それをはるかに超えたと思われる、日本が生んだ大偉人であることは間違いない。

本書を書かせてもらうことで、私自身まだまだ近づくことさえできていない目標ではあるが、少しずつでも松下幸之助から学び取っていかねばと思った。

松下幸之助 年表

年	年齢	月	事項
1894（明治27）年	0歳	11月	11月27日に和歌山県にて出生
1899（明治32）年	4歳		父政楠、米相場に失敗し、松下家は和歌山市本町一丁目に転居
1901（明治34）年	6歳		和歌山市雄尋常小学校に入学。長兄、次兄、次姉、相次いで病没
1904（明治37）年	9歳	11月	小学校を4年で中途退学、大阪の宮田火鉢店に丁稚奉公に出る
		12月	給料に五銭白銅貨をもらい感激する
1905（明治38）年	10歳	2月	五代自転車商会に奉公、以後明治43年6月まで勤務

1906（明治39）年	11歳	9月	父政楠、病没
1910（明治43）年	15歳	7月	桜セメント株式会社に臨時就職。路面電車を見て、これからは電気の時代、電気に関する仕事をしてみたいと考える。ポンポン蒸気船から海にまっ逆さまに落ちたが、瀕死の所を助けられ、自分は運の強い人間だと確信する
		10月	大阪電灯（株）幸町営業所に内線見習い工として入社
1911（明治44）年	16歳	1月	大阪電灯高津営業所の内線係担当者に昇格
1912（明治45）年	17歳		浜寺公園海水浴場の広告イルミネーション工事を担当する
1913（大正2）年	18歳	4月	大阪市関西商工学校夜間部予科に入学（翌年同科終了）
		8月	母とく枝、病没
1914（大正3）年	19歳		大阪市関西商工学校夜間部本科中退。芦辺劇場改装のための電

			灯工事を担当する
1915（大正4）年	20歳	9月	井植むめのと結婚
1916（大正5）年	21歳	10月	改良ソケットの実用新案を出願
1917（大正6）年	22歳	4月	大阪電灯の最年少の検査員に昇格
		6月	大阪電灯を依願退職。自ら考案の改良ソケットの製造を決意。大阪市生野区猪飼野の借家で、義弟の井植歳男ほか2名とともに手元資金一〇〇円弱でその準備に着手
		10月	ソケットの販売を開始したが、ほとんど売れず不成功に終わる
		12月	川北電気から扇風機の碍盤一〇〇〇枚の注文を受け、年内に完納。八〇円の利益を得て、事業を継続
1918（大正7）年	23歳	3月	大阪市西野田大開町に松下電気器具製作所を創立

1919（大正8）年	24歳	4月	初めて従業員の雇用を開始（年末には従業員二〇余名となる）。改良アタッチメントプラグ、二灯用差込みプラグを考案、製造販売を開始。吉田商店と総代理店契約を締結、東京方面は吉田商店経由で川商店が担当し、販路を拡大
			関東メーカーの値下げ攻勢で販売急減。吉田商店との総代理店契約も解約され危機に直面。大阪の問屋をまわり、直接取引に切り替えて局面を打開。東京の問屋とも直接取引を開始
1920（大正9）年	25歳	3月	東京駐在を設置、義弟の井植歳男単身赴任
1921（大正10）年	26歳	4月	長女幸子誕生
1922（大正11）年	27歳	7月	第一次本店工場竣工。名古屋・九州方面の問屋とも取引開始。月商1万5000円、従業員50名となる。
1923（大正12）年	28歳	3月	砲弾型電池式ランプを考案し製造・販売。問屋に敬遠され窮地

			になるも大阪の小売店で実物宣伝販売に成功し、窮地を脱する
		9月	関東大震災発生。東京出張所を一時閉鎖
1925（大正14）年	30歳	3月	第二工場（ランプ組み立て工場）竣工
		6月	ナショナルの商標登録出願
1926（大正15）年	31歳	3月	特許第一号（電圧調整器）を出願
		6月	長男幸一誕生
1927（昭和2）年	32歳	1月	電熱部を設置
		4月	角型ランプを発売（ナショナル商標を初使用）。スーパーアイロンを発売
1928（昭和3）年	33歳	4月	第三工場（配線器具工場）を開設。販売額10万円突破。従業員

			三〇〇名となる
1929（昭和4）年	34歳	3月	松下電器製作所と改称。「綱領」「信条」を制定
		5月	第二次本店、第一工場竣工
1930（昭和5）年	35歳	8月	ラジオの販売を開始
1932（昭和7）年	37歳	5月	5月5日を創業記念日に制定
1933（昭和8）年	38歳	5月	事業部制を創設
		7月	遵法すべき五精神を制定。大阪府門真市に本店、工場を建設
1935（昭和10）年	40歳	12月	松下電器産業株式会社を設立
1937（昭和12）年	42歳	8月	遵法すべき五精神を七精神に改定

1943（昭和18）年	48歳	4月	海軍の要請で木造船の建造を開始
		10月	海軍の要請で木造飛行機の製作を開始
1945（昭和20）年	50歳	8月	終戦の翌日、民需産業への復帰を声明
1946（昭和21）年	51歳	6月	財閥家族に指定される
		11月	ＰＨＰ研究所を創設
1947（昭和22）年	52歳	4月	月刊誌『ＰＨＰ』創刊
1949（昭和24）年	54歳	10月	負債が10億円となり物品税の滞納王と報道される
		12月	財閥指定を解除される
1950（昭和25）年	55歳	3月	事業部制復活

1951（昭和26）年	56歳	1月	4月まで初めてアメリカを視察。ホノルル、ロサンゼルス、ニューヨーク、シカゴ、米フィリップス社、GE社などを訪問
		10月	12月までアメリカ経由でヨーロッパへ。オランダのフィリップス社を訪問
1952（昭和27）年	57歳		フィリップス社と提携。松下電子工業発足
1953（昭和28）年	58歳	4月	『PHPのことば』刊行
1956（昭和31）年	61歳	11月	天皇皇后両陛下が高槻工場を視察される
1961（昭和36）年	66歳	1月	社長を退任し会長となる
1962（昭和37）年	67歳	2月	アメリカの週刊誌『タイム』のカバーストーリーで世界に紹介される
1965（昭和40）年	70歳	4月	完全週休二日制を開始

1973（昭和48）年	78歳	7月	会長を退任し取締役相談役に就任
1979（昭和54）年	84歳	6月	松下政経塾を設立。理事長兼塾長に就任
1989（平成元）年	94歳	4月	27日午前10時6分、永眠

参考文献

『道をひらく』松下幸之助著 (PHP 研究所)
『続・道をひらく』松下幸之助著 (PHP 研究所)
『PHP のことば』松下幸之助著 (PHP 研究所)
『私の行き方考え方』松下幸之助著 (PHP 研究所)
『社員心得帳』松下幸之助著 (PHP 研究所)
『人を活かす経営』松下幸之助著 (PHP 研究所)
『道は明日に』松下幸之助著 (PHP 研究所)
『物の見方考え方』松下幸之助著 (PHP 研究所)
『人間を考える』松下幸之助著 (PHP 研究所)
『人間としての成功』松下幸之助者 (PHP 研究所)
『我が師としての松下幸之助』高橋荒太郎著 (PHP 研究所)
『経営の心』松下正治著 (PHP 研究所)
『難儀もまた楽し』松下むめの著 (PHP 研究所)
『大型社員待望論』井植歳男著 (文藝春秋)
『松下幸之助の智恵』谷沢永一 (PHP 研究所)
『心はいつもここにある』江口克彦著 (PHP 研究所)
『成功の法則』江口克彦著 (PHP 研究所)
『松下電器のごあんない』(松下電器産業)
『ほんとうの時代』平成九年八月特別増刊号 (PHP 研究所)
『成功への情熱』稲盛和夫著 (PHP 研究所)
『心を高める、経営を伸ばす』稲盛和夫著 (PHP 研究所)
『松下幸之助と稲森和夫』皆木和義 (総合法令出版)
『消された秀吉の真実―徳川史観を越えて』山本博文編集 (柏書房)
『新史太閤記』司馬遼太郎 (新潮社)
『秀吉研究の最前線』日本史史料研究会 (洋泉社)

［著者］**遠越段**（とおごし・だん）

東京都生まれ。早稲田大学卒業後、大手電器メーカー海外事業部に勤務。

１万冊を超える読書によって培われた膨大な知識をもとに、独自の研究を重ね、難解とされる古典を現代漫画をもとに読み解いていく手法を確立。偉人たちの人物論にも定評がある。

著書に、『時代を超える！　スラムダンク論語』『人を動かす！　安西先生の言葉』（すべて総合法令出版）などがある。

※本書は、総合法令出版にて2016年10月刊『通勤大学経営コース 松下幸之助』（遠越段 著）の内容を修正・加筆したものです。

運命を拓く×心を磨く
松下幸之助

2024年５月21日　初版発行

著　者　遠越段
発行者　野村直克
発行所　総合法令出版株式会社
〒103-0001 東京都中央区日本橋小伝馬町15-18
EDGE小伝馬町ビル９階
電話　03-5623-5121
印刷・製本　中央精版印刷株式会社

ISBN978-4-86280-946-9
総合法令出版ホームページ　http://www.horei.com/